Wulf-Dieter Gammert

Predigten aus Messel

AF551933

Wulf-Dieter Gammert

Predigten aus Messel

Fromm Verlag

Impressum / Imprint
Bibliografische Information der Deutschen Nationalbibliothek: Die Deutsche Nationalbibliothek verzeichnet diese Publikation in der Deutschen Nationalbibliografie; detaillierte bibliografische Daten sind im Internet über http://dnb.d-nb.de abrufbar.
Alle in diesem Buch genannten Marken und Produktnamen unterliegen warenzeichen-, marken- oder patentrechtlichem Schutz bzw. sind Warenzeichen oder eingetragene Warenzeichen der jeweiligen Inhaber. Die Wiedergabe von Marken, Produktnamen, Gebrauchsnamen, Handelsnamen, Warenbezeichnungen u.s.w. in diesem Werk berechtigt auch ohne besondere Kennzeichnung nicht zu der Annahme, dass solche Namen im Sinne der Warenzeichen- und Markenschutzgesetzgebung als frei zu betrachten wären und daher von jedermann benutzt werden dürften.

Bibliographic information published by the Deutsche Nationalbibliothek: The Deutsche Nationalbibliothek lists this publication in the Deutsche Nationalbibliografie; detailed bibliographic data are available in the Internet at http://dnb.d-nb.de.
Any brand names and product names mentioned in this book are subject to trademark, brand or patent protection and are trademarks or registered trademarks of their respective holders. The use of brand names, product names, common names, trade names, product descriptions etc. even without a particular marking in this work is in no way to be construed to mean that such names may be regarded as unrestricted in respect of trademark and brand protection legislation and could thus be used by anyone.

Coverbild / Cover image: www.ingimage.com

Verlag / Publisher:
Fromm Verlag
ist ein Imprint der / is a trademark of
OmniScriptum GmbH & Co. KG
Heinrich-Böcking-Str. 6-8, 66121 Saarbrücken, Deutschland / Germany
Email: info@frommverlag.de

Herstellung: siehe letzte Seite /
Printed at: see last page
ISBN: 978-3-8416-0566-5

Copyright © 2015 OmniScriptum GmbH & Co. KG
Alle Rechte vorbehalten. / All rights reserved. Saarbrücken 2015

Predigten aus Messel von Wulf Gammert

Inhalt

Ich danke meiner Frau Karla, die die Predigten kritisch gelesen- und ihnen den letzten Schliff gegeben hat.

Jesaja 43, 1 – 7

Die Juden lebten bereits in der zweiten Generation im babylonischen Exil. Sie hatten das Gefühl, ihr Volk sei zum Untergang verurteilt. Fern der Heimat, umgeben von fremden Menschen und Religionen glaubten sie, dass nun ihr Ende herbeigekommen sei. Ist es da ein Wunder, dass sie in Resignation und Selbstmitleid verfallen sind, nach dem Motto: „Uns kann ja doch niemand helfen?“

Aber so ist es nicht! Der Profet spricht den Israeliten im Auftrag Gottes Mut zu, sich nicht in ihrer Trauer ein zu igeln, sondern aufzubrechen, einen neuen Anfang zu wagen. Er zeigt den Menschen neue Perspektiven auf und hilft ihnen damit zu neuem Selbstwertgefühl.

Heute, 2500 Jahre später hören wir diese Worte. Sie wirken immer noch frisch und unverbraucht. Wir können sie auf uns anwenden.

Auch in uns sprechen sie Hoffnungen an und helfen uns, über unsern Horizont zu schauen.

Ich möchte das an vier Punkten deutlich machen:

1. Wir brauchen uns nicht zu fürchten!
2. Wir sind erlöst!
3. Wir werden bei unserm Namen gerufen!
4. Wir erfahren Wertschätzung!

1. Wir brauchen uns nicht zu fürchten!
Fürchte dich Nicht!!

Das ist die Botschaft, die uns aus diesem Text geradezu anspringt!

Dick unterstrichen und mit Ausrufungszeichen!

Fürchte dich nicht! Sagt Gott – gleich zweimal!

Und er sagt es zu den Juden, die in einer menschlich gesehen aussichtslosen Situationen waren!

„Fürchte dich nicht", sagte der Engel in der Weihnachtsgeschichte zu den Hirten auf dem Feld.

„Fürchte dich nicht", sagt Jesus Christus in der Offenbarung zu Johannes: „ich bin der Erste und der Letzte".

Von den ersten Seiten bis zum Schluss zieht sich dieses „Fürchte dich nicht" wie ein roter Faden durch die Bibel.

Klar, fürchten wir uns. Wir fürchten, dass Terroristen U-Bahnen in die Luft jagen, wir fürchten, dass der Klimawandel nicht entscheidend aufgehalten wird. Wir fürchten, dass die Zwischenfälle in den Atomkraftwerken doch schlimmer sind, als sie dargestellt werden, Wir fürchten um unsere Gesundheit, wir fürchten, dass Beziehungen zerbrechen. Wir fürchten um Arbeitsplätze. Wir fürchten, dass unsere Kinder und Enkel keine Zukunft haben.

Wie passen die Aussagen der Bibel und unsere Befürchtungen zusammen?

Unser Text gibt uns eine Antwort!

2. wir sind erlöst!

Spüren es andere Leute, dass wir Gottesdienstbesucher Menschen sind, die Jesus Christus erlöst hat?

Wer – wenn nicht wir Christen – soll das anderen deutlich machen?

Natürlich, es gibt es viele Stellen, an denen Erlösung noch nicht spürbar ist: in unserem persönlichen Leben, im Leben der Menschen in unserer Nachbarschaft, ganz zu schweigen von den vielen negativen Nachrichten, die uns die Medien täglich ins Haus liefern.

Menschen leiden, sind ohne Perspektiven und viele halten es Gott vor, dass er so viel Elend und Leid zulässt.

Und trotzdem gilt es, Jesus Christus ist für all das Leid in dieser Welt gestorben. Er hat uns erlöst, auch wenn die Vollkommenheit, die wir uns alle so von Herzen wünschen, noch auf sich warten lässt.

Einige von Ihnen wissen sicher, dass unsere Tochter seit einigen Jahren an einer unheilbaren Krankheit leidet. Meine Frau und ich haben Gott gebeten und bitten immer wieder um das Wunder, dass sie gesund wird. Bisher hat Gott unsere Bitte noch nicht erhört. Aber ist es nicht schon ein Wunder, dass ein Stillstand im Krankheitsverlauf eingetreten ist?

Wir sprechen auch von „Erlösung" beim Tod eines schwerkranken Menschen: „Sie hat so viel leiden müssen", sagen wir dann.
Oder - „Am Ende ist es eine Erlösung gewesen!" Erlöst von den Schmerzen, von den Qualen.

Im Hebräischen steht bei „Erlösen" auch „herauslösen", „auslösen", „zurückkaufen".

Da wo wir uns gefangen fühlen, eingezwängt in Erwartungen, in Rollen und Ideale, wo wir nicht weiter wissen, da will uns Jesus heraus lösen.

3. Wir werden bei unserm Namen gerufen!

Mein Name gehört zu mir. Unter den Milliarden von Menschen, die auf dieser Erde leben, bin ich einmalig.

Es ist so schön, wenn andere meinen Namen wissen, mich mit Namen ansprechen. Dann weiß ich, ich bin gemeint.

Manchmal habe ich einen Menschen viele Jahre nicht mehr gesehen und er sagt: „Schön, dich zu sehen – und er weiß meinen Namen noch! Das tut gut!

Wir haben Sehnsucht danach, dass andere uns kennen, dass wir angesprochen werden – auch von Gott angesprochen werden – ganz persönlich!

Gott kennt uns mit Namen. Das heißt, er weiß nicht nur, dass es uns gibt, nein, er kennt uns sogar viel besser als wir uns selbst kennen.

Bei Gott müssen wir uns nicht ausweisen, wir brauchen keine Chip-Karte, Keine Mitglieds-Nummer, brauchen beim Gespräch mit ihm – also beim Beten – nicht wie beim Einschalten unseres Handys ein Pin eingeben!

4. Wir erfahren Wertschätzung!

Gott sagt zu uns: Du bist wertvoll in meinen Augen, ich habe dich lieb! Wer von uns sehnt sich nicht danach, Wertschätzung und Liebe zu erfahren, gesagt zu bekommen: du bist einmalig, du bist mir wertvoll!

Ich hatte beruflich mit besonders liebenswerten Menschen zu tun. Es waren Menschen mit Behinderungen. Im Dritten Reich galt ihr Leben als unwert. Deshalb brachte man sie um.

Wer entscheidet über den Wert eines Menschen und was sind die Kriterien für Wertschätzung?

Leistung, Geld, Gesundheit, Beliebtheit, Ausstrahlung? Und wenn man weniger vorzuweisen hat? Wirkt sich das in der Wertschätzung aus?

Was meinen sie?

Wir alle tragen doch die Sehnsucht in unseren Herzen, unabhängig von Äußerlichkeiten akzeptiert und geliebt zu werden.

Gott sagt: „Fürchte dich nicht, denn ich habe dich erlöst, ich habe dich bei deinem Namen gerufen, du bist mein! Du bist in meinen Augen wertgeachtet, ich habe dich lieb."

Dieses Wort wird gern als Taufspruch gewählt.

Was heißt es für uns „getauft zu sein – als getaufter Christ zu leben?"

Es heißt z.B. „Du gehörst zu Jesus Christus!"

In seinem Namen bist du getauft worden. Sein Name und dein Name wurden beide bei deiner Taufe genannt. Diese Verbindung gilt. Aus ihr können wir alle leben. Bei Jesus Christus sind wir geborgen mit allen Ecken und Kanten und Defiziten unseres Lebens.

Er schenkt uns uneingeschränkte Liebe und Wertschätzung,

Wir als Getaufte gehören zur Gemeinschaft aller Christen, wir müssen unsern Glauben nicht allein leben.

Heute kann der eine stärker und fröhlicher glauben als der andere und morgen ist es umgekehrt.

Getauft sein bedeutet zu wissen, auf wen man sein Vertrauen setzen kann, nämlich auf den, der zu dir spricht:

Fürchte dich nicht, denn ich habe dich bei deinem Namen gerufen – und ich tue es noch – du gehörst zu mir, du bist und bleibst in meinen Augen wertgeachtet, ich habe dich lieb."

Jesaja 60, 1 – 6

Heute am 6. Januar feiern wir das Epiphaniasfest. Epiphanias ist ein griechisches Wort und heißt "Erscheinung". Wir feiern die Erscheinung Gottes:

Im Menschen Jesus ist Gott selbst als der wahre Erlöser erschienen.

Und wir denken an die Weisen, die sich aus dem Orient aufgemacht hatten, um das Jesuskind anzubeten.

Sie brachten Gold, Weihrauch und Myrrhe als Geschenke mit – so wie es im Predigt-Text steht

Das Weihnachtsgeschehen tritt in eine neue Phase.

Am Heiligen Abend haben wir die Botschaft von den Hirten gehört, zu denen Engel in dunkler Nacht kamen, um die Geburt Jesu zu verkündigen.

Heute hören wir von den Weisen, die dem Stern gefolgt sind.

Sowohl Hirten als auch Weise haben jeweils ein helles Licht gesehen, das sie motiviert hat, sich auf den Weg zu machen. Die Begegnung mit dem Jesus-Kind hat sie verändert – man könnte auch sagen, sie sind als Erleuchtete wieder in ihre alte Umgebung zurück gekommen.

Finsternis und Licht – zwei Gegensätze stoßen nicht nur im Predigt-Text, sondern auch ganz real aufeinander.

Wir in Deutschland überbrücken die zur Zeit dunkle Jahreszeit mit Kerzen und Lichtern und freuen uns, wenn gelegentlich mal die Sonne kurz scheint.

In der Nähe des Polarkreises müssen die Leute wochenlang ohne natürliches Licht auskommen. Da ist die Selbstmordrate hoch und es gibt spezielle Licht-Therapien gegen Winter-Depressionen.

Im übertragenen Sinne sagen wir gelegentlich: jetzt geht mir ein Licht auf. Wir meinen damit, endlich hab ich den Durchblick, endlich kapiere ich's.
Ob den Leuten, an die Jesaja etwa 700 Jahre vor der Geburt Jesu geschrieben hat, auch ein Licht aufging?
Ob uns ein Licht aufgeht, wenn wir uns mit dem heutigen Predigt-Text auseinandersetzen?
Jesaja wendet sich an Menschen, die lange Jahre im Exil zubringen mussten, die aus ihrer Heimat vertrieben worden waren, ausgegrenzt, nirgends gehörten sie so richtig dazu. Fremd waren sie und ohne Hoffnung. Die Jüngeren konnten sich an die Heimat gar nicht mehr erinnern, sie waren im Ausland geboren.
Doch plötzlich tut sich etwas. Die Hoffnung auf eine Heimkehr wird zur Realität! Aber – was finden sie zu Hause vor? Alles ist zerstört: Tempel, Wohnhäuser – nur Ruinen!
Ausgerechnet jetzt, in der für sie so trostlosen Lage schreibt Jesaja: Mache dich auf, werde Licht!" Ist das nicht eine völlige Überforderung?
Das können sie doch gar nicht.
Das müsst ihr auch gar nicht, sagt Jesaja, die eigentliche Hilfe kommt von woanders.
Das sind neue Töne, wie er vom Ende der Finsternis erzählt.
Er beschreibt das helle, heilende, warme Licht, das von Gott ausgeht.
Das menschliche Chaos wird von der göttlichen Herrlichkeit überstrahlt.
Jetzt kann Neues entstehen.

Ich mache einen großen Schritt von den verzagten Menschen, die in ihre zerstörte Heimat zurück kamen, zu uns,
die wir die Botschaft heute hören.
Vielleicht würde Jesaja zu uns sagen:

Hört doch! Ihr müsst das Licht, von dem hier die Rede ist, gar nicht selbst herstellen. Es ist längst da, es scheint von Weihnachten her in euer Leben und in euere Welt. Seid einfach offen dafür und lasst es in eure Herzen scheinen.

Das klingt so einfach und das ist es auch. Wir aber machen es uns oft unnötig schwer.

Genau das ist „Evangelium“, die frohe Botschaft!

Mache dich auf, werde Licht, denn dein Licht kommt!

Dieser Aufruf des Jesja ist zeitlos und immer gültig.

In unserm Keller stehen zur Zeit die Pflanzen, die im Sommer auf dem Balkon wachsen und blühen. Sie verlieren Blätter und haben lange Triebe bekommen. Wenn sie im Frühjahr wieder im Tageslicht stehen, muss ich alle Triebe abschneiden.

Dann schlagen die Pflanzen neu aus.

Ich will damit sagen, dass organisches Wachstum nur im „rechten Licht“ geschehen kann. Die langen Triebe haben in der Sonne keinen Bestand.

Geht es uns im übertragenen Sinn nicht ähnlich? Was ans Licht kommt, kann so nicht weiter bestehen, braucht Veränderung, Vergebung, Neuanfang.

„Mache dich auf!“ Das bekommt auch eine doppelte Bedeutung. Das heißt einerseits „aufbrechen, losgehen, aktiv werden“, das heißt andererseits, sich „öffnen“, bereit sein, die dunklen Seiten in mir dem göttlichen Licht auszusetzen, damit Neues wachsen kann.

Wir alle brauchen von Zeit zu Zeit beides:

einmal den Anstoß: Pack's an, du schaffst das schon!“

Ein anderes Mal die behutsame Begleitung. Damit meine ich, dass es gut ist, wenn jemand da ist, der uns zuhört, der uns hilft und der uns Mut macht. Jemand, der für uns ein Licht in unserer Dunkelheit anzündet.

Diese Erfahrung haben sicher die aus der Fremde Heimgekehrten gemacht, an die Jesaja unsern Predigt-Text geschrieben hat. Sie haben sich voller Optimismus an das Werk des Wiederaufbaus gemacht. Aber dann gab es auch Zeiten,
in denen sie mutlos und resigniert waren und am liebsten alles hingeschmissen hätten.
Hirten und Weise zogen nach der Begegnung mit dem Jesus-Kind als Menschen in ihren Alltag zurück, die durch das weihnachtliche Licht neue Perspektiven für ihr Leben bekommen hatten.
Was für diese Menschen galt, gilt uns heute genauso: nämlich, dass wir die Möglichkeit haben, im Lichte Gottes und unter seinem Schutz den Weg in unsern Alltag zu gehen.
Wenn uns das bewusst wird und wir entsprechende Erfahrungen in unserm Leben als Christen machen, dann, so schreibt es Jesaja, „wird unser Herz erbeben und weit werden".

Klagelieder 3, 22 – 26 + 31 – 32

Dieser zuversichtliche und positive, ja fast fröhliche Abschnitt steht in den Klageliedern Jeremias. Die Klagelieder sind ein Buch mit 5 Kapiteln im Alten Testament. Beim Blättern in der Bibel fällt es zwischen den großen Propheten kaum auf.

Entstanden sind die Klagelieder sind in der Zeit der Gefangenschaft Israels. Viele Menschen waren von den Eroberern in die Fremde verschleppt worden. Jerusalem und weite Teile des Landes waren zerstört worden. Überall herrschte trostloses Elend. Der Hunger trieb die Menschen in die Verzweiflung.

Zur Erinnerung an die Zerstörung des Tempels in Jerusalem wurden die Klagelieder alljährlich an einem bestimmten Tag im Sommer in den jüdischen Gottesdiensten vorgelesen, so wie in Messel jedes Jahr Teile des Buches Jona am 2. November, dem Pestgedenktag vorgelesen werden.

"Ich bin der Mann, der Elend sehen muss" – mit diesen Worten beginnt das dritte Kapitel, in dem unser heutiger Predigttext steht. Das Elend sehen! Auch wir sind Menschen, die mit dem Elend Anderer konfrontiert werden. Ob es sich um das unsägliche Leid der Menschen am Horn von Afrika handelt, ob es die Bilder von schwer verwundeten Menschen der Kriege in Lybien und Syrien sind, ob es die Arbeiter im zerstörten Atomkraftwerk von Fukushima sind, die aus Angst vor Repressalien während der Reportage ihr Gesicht verbergen, das Elend leidender Menschen wird uns über das Fernsehen frei Haus geliefert.

Aber wir brauchen ja gar nicht so weit zu gehen. Gibt es nicht genug Elend im eigenen Leben, oder auch im Leben von Menschen, die uns nahe stehen und die wir lieb haben? Dann sind wir selbst vom Elend Betroffene. Da tritt die Not anderer in den Hintergrund.

In der vergangenen Woche sagte mir eine Frau aus unserm nahen Freundeskreis: „Die unerträglichen Schmerzen setzen mir so zu, dass mir das klare Denken schwer fällt. Ich bin froh, wenn ich nachts wenigstens einige Stunden schlafen kann.“

Jede und jeder von uns kann hier seine persönlichen Erfahrungen einbringen: Das Leiden an schwerer Krankheit, das Leiden an den Folgen eines Unfalls, der Verlust des Arbeitsplatzes, das Scheitern einer Partnerschaft, sind nur einige Beispiele.

Ich persönlich leide daran, dass die Folgen der Demenz bei meiner Mutter für unsere Familie immer belastender werden.

Dabei geraten wir an Grenzen des Erträglichen und auch an Grenzen unseres Glaubens: Wie sollen wir das ertragen – wie kann Gott das zulassen?, so fragen wir und bekommen keine Antwort.

Aber da kommt das Erstaunliche: mitten in diesem Klagelied stimmt der Mann, der das Elend sehen muss, ein Danklied an: Die Güte des Herrn ist alle Morgen neu, seine Barmherzigkeit hat noch kein Ende und seine Treue ist groß. Wie kann man so etwas verstehen?

Als Prophet hatte Jeremia von Gott die schwere Aufgabe bekommen, die Menschen auf ihre Sünden und den Ungehorsam Gott gegenüber hinzuweisen. Die Rufe zur Umkehr und Hinwendung zu Gott sind ungehört verhallt. Das Unabwendbare ist hereingebrochen. Er wird Zeuge unendlichen Leids. Es läge nahe, wenn er an dieser Stelle Gott Vorwürfe machen würde: Warum hast du das alles zugelassen? Nein – er tut es nicht sondern das Gegenteil ist der Fall: er erkennt und besingt Gottes erbarmende Liebe.

Natürlich dürfen und sollen wir klagen. Es ist ganz wichtig dass wir Nöte und Probleme aussprechen! „Wie gut, dass ich dir das sagen konnte – jetzt geht es mir schon etwas besser!“ Die Not jemand anderem zu sagen, bzw. zu zuhören, wenn mir jemand sein herz ausschüttet, das ist gegenseitige Seelsorge. Darüber hinaus dürfen wir wie Jeremia es getan hat, unser Herz vor dem barmherzigen Gott ausschütten, ihm unsere Nöte klagen! Ob es sich um Krankheit, Schmerzen, Ausweglosigkeit oder Schuld handelt, Gott hat Erbarmen mit uns. Wir haben es gehört und hören es wieder: seine Barmherzigkeit hat kein Ende, sondern ist alle Morgen neu und seine Treue ist groß.

Weil das so ist, brauchen wir nicht zu verzweifeln, sondern können uns vertrauensvoll immer wieder an ihn wenden, ihm zwar klagen, aber auch dafür danken, dass er uns hilft, dass er für uns sorgt und uns nahe ist. Das gelingt mal besser und mal weniger gut. In jeder Situation können wir es uns sagen und sagen lassen: Gott sieht uns, Gott kennt uns, Gott weiß, was wir brauchen und er sorgt für uns. Unser Vertrauen steht zwar oft auf schwachen Füßen, aber der heutige Text macht uns Mut, Gott nicht nur die Not zu klagen, sondern ihn loben und ihm danken, dass er uns hört und dass er uns helfen wird.

Dabei kann es uns helfen, wenn es mit den eigenen Worten nicht so klappen will, Lieder aus dem Gesangbuch zu lesen oder auch zu singen. Es kann helfen, Verse oder Abschnitte aus der Bibel zu lesen, die uns trösten und die uns innerlich zur Ruhe bringen. Es kann eine Hilfe sein, seine Erfahrungen mit Gott aufzuschreiben um sie in schweren Zeiten nachlesen zu können.
Mir hilft es, von Menschen zu wissen, die Erfahrungen wie Jeremia gemacht haben.

Der Liederdichter Paul Gerhard lebte während der Zeit des 30jährigen Krieges. Menschlich gesehen, ein Leben voller Leid, Not und Entbehrungen. Mit seinem Gottvertrauen, das in vielen Liedern zum Ausdruck kommt, stärkt er heute noch viele Menschen.

Dietrich Bonhoeffer wurde zum Märtyrer im Dritten Reich. Noch im Angesicht des Todes hat er das wunderbare Lied gedichtet: Von guten Mächten wunderbar geborgen erwarten wir gewiss was kommen mag. Gott ist mit uns am Abend und am Morgen und ganz gewiss an jedem neuen Tag. Beide Männer haben in größter Ausweglosigkeit die Nähe Gottes erfahren.

Das macht uns deutlich: als Christen haben wir das große Vorrecht jederzeit den Zugang zu Gott, zu Jesus Christus in Anspruch nehmen zu können. Damit lernen wir es, an ihm festzuhalten, auch wenn es uns nicht so gut geht. Vor allem aber Er hält uns fest.

Wenn uns etwas geholfen hat, ein altes Hausrezept, ein Medikament, ein Arzt, dann geben wir das gern an andere weiter. Warum sollten wir nicht auch unsere Erfahrungen mit unserm Glauben an Gott, an Jesus Christus an andere weitergeben? Menschen in unserer Umgebung haben ein feines Gespür für das, was echt ist. „Gott hat keine Hände, nur unsere Hände, Gott hat keinen Mund, nur unseren Mund, er hat keine Füße, nur unsere Füße", hat einmal jemand gesagt. Damit wird Gottes unendliches Handeln natürlich in keiner Weise eingeschränkt. Wir aber werden aufgefordert, uns von ihm gebrauchen zu lassen. Und er wird uns dafür ausrüsten.

Noch auf einen weiteren Punkt macht uns unser Predigt-Text aufmerksam: Es ist ein köstlich Ding, geduldig sein und auf die Hilfe des Herrn hoffen.

Geduld lernen – Warten lernen. Das fällt mir manchmal schwer. Gerade in schwierigen Situationen nicht aufzugeben, sondern auf Gottes Hilfe zu hoffen - das ist eine immer neue Herausforderung. Er wird uns zu seiner Zeit geben, was für uns wichtig ist.
Ich wünsche es uns allen, dass wir es mehr und mehr lernen, in jeder Lebenslage mit Gottes Hilfe und seinem Eingreifen zu rechnen und ihm dafür zu danken.

Matthäus 4, 12 – 17

Dieser Abschnitt führt uns in eine kurze Episode im Leben Jesu. In Bethlehem war er geboren, in Nazareth verlebte er seine Jugend. Eben haben wir gehört, dass er jetzt in Kapernaum wohnt. Noch ist er allein. Erst im nächsten Abschnitt wird uns von der Berufung der ersten Jünger berichtet.

Fluchtartig hatte er seine Heimatstadt verlassen, nachdem er von der Verhaftung seines Cousins Johannes gehört hatte.

Sicher war ihm deutlich geworden: Mit der Gefangennahme des Täufers war auch er gefährdet.

Johannes und Jesus wurden von den Behörden als Gesinnungsgenossen verstanden. Ganz abgesehen von dem verwandtschaftlichen Verhältnis, von dem uns das Neue Testament berichtet, hatte Johannes laut und deutlich Jesus als den Gesandten Gottes bezeichnet, der kommen sollte. Nun war er da.

Jesus hat sich in der schlecht zugänglichen Grenzregion Galiläas in Sicherheit gebracht, die schon der Prophet Jesaja als Gegend bezeichnet hatte, "wo die Fremden leben", die Heiden.

Johannes konnte nicht mehr „laut rufen“, weil er im Gefängnis saß.

Nun tut es Jesus.

Dieses laute Rufen vergleicht der Urtext mit dem Ruf eines Herolds.

Ich erinnere mich, dass es in dem Ort aus dem ich stamme, früher einen Ausrufer gab. Er hatte eine Glocke und fing sein Rufen mit dem Wort „Bekanntmachung!“ an. Das wird in Messel genauso gewesen sein.

Jesus ruft wie Johannes:

„Tut Buße! Bekehrt euch! Das Himmelreich ist nahe herbeigekommen!" Diese Bekanntmachung gilt auch heute.

Mit Buße und Bekehrung können wir Menschen von heute wenig anfangen. Buße verbinden wir in der Regel mit Bußgeld. Das bedeutet Bestrafung und ist von daher sehr unschön.

Buße, von der Jesus spricht, meint „umdenken, in die Nähe Gottes zurückkehren". Das hat Konsequenzen. Denn in der Nähe Gottes haben z.B. Feindseligkeit, Unversöhnlichkeit, negative Gedanken, andern das Leben schwer machen, keinen Raum mehr. Solche Erkenntnis, die Gott bewirkt verändert mein Denken und Handeln. Nicht nur ich selbst, sondern auch Menschen in meiner Umgebung stellen das oft staunend fest! In der Nähe Gottes wird Unmögliches möglich!
Wenn wir Besuch bekommen, sind entsprechende Vorbereitungen nötig. Es ist uns ein Bedürfnis, dass sich der Gast bei uns wohl fühlt. Wir wollen es ihm so angenehm wie möglich machen!

Zu Weihnachten haben wir immer wieder gehört und gesungen, dass Jesus zu uns kommen will, ja mehr noch, dass er bei uns wohnen will.

Das ist doch etwas unglaublich Schönes! Der heilige Gott kommt in Ihr und in mein Leben!

Johannes hat gesagt „das Himmelreich ist nahe herbeigekommen". Wenn Jesus das selbe sagt, bekommt dieses Wort eine besondere Bedeutung und wird ganz konkret. Er, der Sohn Gottes ist Mensch geworden. Das haben wir zu Weihnachten gefeiert. Wir haben jederzeit Zugang zu ihm und wissen, er nimmt uns so an, wie wir sind. Das Himmelreich, von dem Jesus hier spricht, wird für uns persönlich erfahrbar. Großartig, nicht wahr?

Ein zweiter zentraler Gedanke in unserm Text ist das Wort:

"Das Volk, das in Finsternis saß, hat ein großes Licht gesehen; und denen, die saßen am Ort und im Schatten des Todes, ist ein Licht aufgegangen."
Das hat der Prophet Jesaja ca. 700 Jahre vor der Geburt Jesu gesagt. Der Evangelist Matthäus, die ersten Gemeinden und die Christenheit bis heute sehen in diesem Wort einen Hinweis auf Jesus.

So können wir im wahrsten Sinn des Wortes sagen: „Uns ist ein Licht aufgegangen!“ Denn Jesus ist das Licht der Welt.

Gibt es ein schöneres und treffenderes Bild, das uns ausmalt und schildert, wer und was Jesus Christus für uns ist:

Er ist das Licht, das unser Leben, unseren Weg durch Freude und Leid

begleitet und hell macht.

Viele Menschen unserer Zeit werden sagen: Mir ist dieses Licht nicht aufgegangen. Mein Leben ist dunkel. Ich habe so viel Leid erlebt. Darum kann ich an ein "Licht der Welt" nicht glauben.

Ich denke, solche Äußerungen können wir gut verstehen. Auch in unserm Leben gibt es ja immer wieder solche Zeiten, in denen es dunkel ist. Eigene oder fremde Nöte, Kummer, Krankheit, Behinderung, Sorgen und manches mehr sind wie dicke Wolken, die das Licht verdecken.

Ich habe eine kleine Geschichte gelesen, die uns die Bedeutung dieses Verses aus einer anderen Perspektive beleuchtet:

In einem Jugendkreis, an dem auch ein blinder Junge teilnahm, wurde über die Existenz Gottes diskutiert. "Ich glaube nur, was ich sehen kann"

- behauptete einer der jungen Leute. Der Blinde entgegnete ihm: "Ich sehe die Sonne nicht, aber ich fühle sie."

Ich kenne das aus meinem Leben. Da schleichen sich in meinen Glauben gelegentlich Fragen und Zweifel ein. Ich sage: Gott, ich verstehe Dich und dein Handeln nicht! Es wäre für dich doch ein Leichtes, Abhilfe zu schaffen. Vielleicht hat mancher Gott in diesen Tagen gefragt: Warum hast du den Anschlag auf die Christen in Alexandria nicht verhindert? Dann kommen weitere Fragen: Was ist denn, wenn mein Glaube auf so schwachen Füßen steht, wenn ich mich von Gott abwende, weil ich ihn nicht verstehe? Wird er mir dann womöglich seine Hilfe, seine Güte und seine guten Gaben entziehen? Wird er mich strafen?
Denken wir noch mal an den blinden Jungen aus der kleinen Geschichte, der gesagt hat: "Ich sehe die Sonne nicht, aber ich fühle sie!" - Was könnte das für uns heißen?

Wir kennen alle das Lied: So nimm denn meine Hände. Darin heißt es: wenn ich auch gleich nichts fühle, von deiner Macht, du führst mich doch zum Ziele auch durch die Nacht. Da wird viel Nähe und Fürsorge deutlich!
Die Sonne ist da, ob wir sie sehen können, oder nicht.
In den vergangenen Tagen war es kalt, es wurde oft gar nicht richtig hell. Das wirkte bedrückend. Die Sonne am gestrigen Tag hat uns wohl getan, Lebensgeister sind erwacht. So ist das auch mit unserm Glauben. Es gibt Tiefen und Höhen. Jesus Christus hilft uns, dass unser persönlicher Glaube an ihn Halt, Hilfe und Licht in unserm Leben ist, in Höhen und in Tiefen. Wenn wir schwach sind und nicht weiterkommen, hält er uns fest. Das bleibt so, bis wir einmal bei ihm sein werden, wo das Licht noch viel heller scheint, als wir uns das vorstellen können.

Matthäus 5, 13 – 16

An diesen Versen wird deutlich, wie klar und verständlich Jesus zu den Menschen sprach. Er benutzte Beispiele aus dem Alltag, die jedem geläufig waren und die uns heutigen Zuhörern genauso einleuchten.

Um sie zu verstehen, braucht man keine zusätzlichen Erklärungen.

Früher war Salz etwas sehr kostbares. In Teilen Afrikas wurde es

als das Gold des Landes angesehen. Wir wissen von Handelswegen, die Salzstraßen genannt wurden. Städte wie Lüneburg, die viel mit Salz handelten, wurden dadurch sehr reich.

Heute ist das anders. Wir können es überall kaufen und es ist billig.

Wenn zu wenig oder auch zu viel Salz im Essen ist, merkt man das. Ein hervorragend zubereitetes Mahl schmeckt entweder fade und langweilig, oder der Gast lässt das versalzene Essen zurück gehen, weil es ungenießbar ist. .
Ohne Salz könnte unser Organismus nicht überleben. Es ist im wahrsten Sinn des Wortes lebensnotwendig.

Genau so wichtig für unser Leben ist das Licht.

Neue Lebenskräfte erwachen im Frühling, wenn die Tage länger werden.

Stimmungslage und Tatendrang motivieren uns, Neues zu planen und zu tun. In der Natur beginnt es zu grünen, zu blühen und zu seiner Zeit zu reifen. Wochen und Monate ohne Licht im Bereich des Polarkreises machen Menschen krank und depressiv. Man hat in Norwegen eine Lichttherapie entwickelt, die dazu beiträgt, dass Menschen durch die Kraft des Lichtes wieder gesund werden.

Mit den vielen Kerzen und Lichtern in der Advents- und Weihnachtszeit sagen wir der Dunkelheit den Kampf an.

Ich hörte dieser Tage von einer Frau, die in stockdunkler Nacht einen ihr unbekannten Weg finden musste. Sie hatte Angst und schaltete ihr Handy ein, um zumindest einen Schimmer Licht auf den Weg fallen zu lassen.

Ein arabisches Sprichwort lautet: „Kannst du kein Stern am Himmel sein, sei eine Lampe im Haus."

Jesus sagt: „ihr seid das Salz der Erde – ihr seid das Licht der Welt!"

Er sagt nicht „ihr sollt es sein", oder „es wäre schön, wenn ihr es wäret", nein – er sagt klar und deutlich: „ihr seid es!"

Das heißt im nächsten Schritt, dass er zu uns wenigen Leuten, die wir hier in der Kirche sitzen, sagt: ihr seid Salz und Licht in Messel.

Um diesen Gedanken weiterzuführen, will ich Ihre Phantasie zu diesem Thema anregen:

Monika und Angelika werden dabei helfen. Wir wollen Ihnen eine kleine Geschichte mit verteilten Rollen vorlesen.

Stellen Sie sich vor, wir alle sind Salzkörnerinnen und Salzkörner.

in einem großen Salzstreuer.

Monika: „Tja, wenn wir mehr Salzkörner wären....

so fallen wir doch gar nicht auf."

Angelika: „Natürlich, im Vergleich zum Gemüse in der Suppe, sind wir ziemlich winzig. Aber in uns steckt doch genug Kraft, um der ganzen Suppe Würze zu geben.

Monika: „Ich würde viel lieber im sicheren Salzfass bleiben, auf mich kommt es doch nicht an – oder?"

Wolfgang: würde es nicht reichen, einen von uns , sozusagen als Abordnung, in die Suppe zu schicken?

Monika: „Au ja, jemanden, der sich dazu berufen weiß?"

Wolfgang: Jetzt schwirrten Ideen und Vorschläge wie Tennisbälle hin und her:

Monika: „Warum kommt die Suppe nicht in den Salzstreuer?

Angelika: „Ja klar, jeder ist uns herzlich willkommen!"

Wolfgang: „Die mögen doch sowieso lieber Pfeffer!"

Monika: „Unsere Versammlungszeiten stehen doch in der Zeitung!"

Angelika: „Ich bin immer noch dafür, jemanden zu schicken, der das Würzen studiert hat. Wir als Laien..."

Wolfgang: „Ruhe!" „Hört mir bitte einmal zu! So kommen wir nicht weiter. EIN Salzkorn wollt ihr schicken, wo doch die Kraft von uns allen nötig ist!

Und wenn ihr warten wollt, dass die Suppe von selbst in unser Salzfass fließt, dann wartet ihr bis zum jüngsten Tag! Erinnert euch doch bitte an unseren Auftrag. Wir sollen salzen, habt ihr das vergessen? Wozu sind wir denn da?

Angelika: Und während noch verlegenes Schweigen herrschte, fühlten sich die Salzkörner plötzlich emporgehoben. Alle, die ihre Aufgabe erkannt hatten, ließen sich fallen.

Monika: Es wurde eine sehr gute Suppe

Soweit die Geschichte. Was aber heißt das ganz praktisch?

Wir leben in einer Gesellschaft, in der viele Menschen zur Kirche als Institution als auch zu den Aussagen der Bibel keine Beziehung haben.

Warum sollte man bei den steigenden Preisen noch Kirchensteuer zahlen?

Das Geld kann man doch sparen!

Und dann sind da die Gottesdienste, die von ihrem Ablauf, von den Lesungen und Liedern mit ihrer alten Sprache für Fernstehende schwer verständlich sind.

Ich denke, die Kirche muss sich an dieser Stelle immer wieder neu Gedanken darüber machen, wie wir kirchenferne Menschen erreichen, sie gezielt einladen- und wie wir die frohe Botschaft als das was sie ist, andern vermitteln können.

Auch eine Möglichkeit, als Salz und Licht zu wirken.

Doch jetzt geht es ja um uns.

Wir werden als Christen von unserer Umgebung mehr wahrgenommen, als uns das bewusst ist.

„Ich hab gesehen, dass Sie in den Gottesdienst gegangen sind..." hat mir jemand gesagt. (Dabei waren die meisten Fensterläden am Sonntag kurz nach 9 noch unten!)

„Ich weiß, dass für mich gebetet worden ist, das tut mir gut..."

„Die Frau ist immer so freundlich und hilfsbereit, hört mir zu und hat Zeit für mich, die ist irgendwie anders..."

„Beim Tod der Nachbarin kam die Frau von nebenan und hat mit geweint."

Wie gut hat den Trauernden die Nähe eines mitfühlenden Menschen getan.

Ein weiteres Beispiel: hier in Messel wird jungen Leuten geholfen, sich zu bewerben und eine Lehrstelle zu finden.
In unserer Gemeinde gibt es eine erstaunlich große Zahl von Menschen,

die ihre speziellen Gaben als Ehrenamtliche zu Verfügung stellen.

"Ihr seid das Salz der Erde", das bedeutet also, wir Christen sind von Gott dazu berufen, ganz unspektakulär durch unser Sein und Tun so zu leben, dass Menschen in unserer Umgebung zumindest spüren oder auch hier und da fragen: warum tust du das, warum bist du anders?

Im Verhältnis zu der Einwohnerschaft dieses Dorfes sind es wenige Menschen, die als Christen leben. Aber wir haben vom Salz gehört, es kommt ja nicht auf die Menge an, sondern auf die Wirkung. Ein wenig Salz in der Suppe macht sie schmackhafter, als sie vorher war.

Die Fragenden achten auf unsere Antworten. Dabei reicht es, mit einfachen Worten von Gott zu erzählen und von den Erfahrungen, die wir mit ihm gemacht haben. Die Leute, die Jesus zuhörten, verstanden ihn, weil er auf sie einging und so mit ihnen redete, dass sie ihn verstehen konnten.

Ich bin fest davon überzeugt, dass in unserer näheren oder weiteren Umgebung viele Menschen mit einer tiefen Sehnsucht im Herzen leben, gelebten Glauben, lebendige Kirche und Gemeinschaft zu erfahren. Sie suchen Antworten auf ihre Fragen, sie sehnen sich danach, verstanden zu werden. Sie suchen in aller Unsicherheit unserer Zeit einen festen Grund und Halt für ihr Leben. Sie suchen nach Wärme und Geborgenheit. Und sie suchen nach Menschen, an deren Leben und Verhalten sie beobachten und feststellen können, dass das Leben als

Christinnen und Christen doch mehr beinhaltet als gelegentlich in die Kirche zu gehen. Spüren Sie, wie wichtig es ist, dass wir Salz und Licht sind?

und welche Verantwortung wir als Christen haben?

Ähnliches, was vom Salz gesagt wird, gilt auch für das Licht.

Licht an sich braucht eine Quelle. Die Lampen werden durch den elektrischen Strom gespeist, die Kerzen durch das Wachs, der Mond durch die Sonne – und wir Christen von Jesus selbst, der sagt. „Ich bin das Licht der Welt. Und wenn er sagt: Ihr seid das Licht der Welt, ist das die Folge dessen, was Jesus von sich sagt. Unsere Leuchtkraft hängt also von der Verbindung zu Jesus Christus ab. Aus dieser Verbindung heraus leuchten wir, auch wenn wir es selbst gar nicht merken – und das ist gut so.

Matthäus 9, 35 – 38 + 10, 1

„Danach“ – so fängt unser Text an. Was ist denn geschehen?, so fragen wir. Verzweifelt kam der Vorsteher der jüdischen Gemeinde zu Jesus: „Meine Tochter ist eben gestorben – Du kannst sie wieder lebendig machen!“

Eine Frau mit schweren Blutungen schob sich durch die Menge, die Jesus umgab. „Wenn ich ihn nur berühre, dann werde ich bestimmt gesund“, so sagt sie sich.

Zwei Blinde liefen Jesus nach und schrien: „Du Sohn Davids! Hilf uns doch!“

Man brachte einen Stummen zu Jesus, der von einem bösen Geist beherrscht wurde!

Und was geschah nun – was meinen Sie?

Jesus erweckte das verstorbene Mädchen zu neuem Leben,

Die Frau war von einem Augenblick zum andern von ihren Blutungen befreit,

die beiden Blinden konnten wieder sehen

Jesus trieb den Dämon aus und der Mann konnte sofort wieder reden.

Auch die Reaktionen der Menschen, die dabei waren, werden uns geschildert:

Die Nachricht von dem zum Leben erweckten Mädchen verbreitete sich wie ein Lauffeuer in der ganzen Gegend.

Zu der Frau, deren Blutungen aufgehört hatten, sagte Jesus: Dein Glaube hat dich geheilt,

die Sehend gewordenen Männer gingen in die Stadt und erzählten überall von Jesus,

als der Stumme wieder reden konnte, wunderten sich die Leute sehr und riefen: „So etwas haben wir noch nie erlebt!“

Hätte es damals schon die BILD-Zeitung gegeben, hätte das in dicken Lettern auf der ersten Seite gestanden! Die Sendung „Brisant“ oder „Hallo Deutschland“ hätte ausführlich berichtet, Betroffene und Umstehende interviewt.

Mit den Heilungsgeschichten ist Jesu Wirken aber nicht zu Ende – Es geht weiter! Denn danach zog Jesus in viele Städte und Dörfer. Er sprach in den Synagogen und verkündigte überall im Land die Heilsbotschaft vom Reich Gottes. Wohin er auch kam, heilte er alle Krankheiten und Leiden.

Der Ruf – „er kann heilen“, eilt ihm voraus. Menschen, die Erfahrungen mit Jesus gemacht haben, die Wunder erlebt haben, erzählen es andern. Das lässt aufhorchen, das weckt Hoffnungen! Begeisterung steckt an!

Stellen Sie sich vor, Jesus käme nach Messel! Im Blättchen steht: „Nächsten Donnerstag ist Jesus nachmittags im Bürgerzentrum!“

Das lesen alle! Überall ist eine lebhafte Diskussion in Gang!

Denn plötzlich wird bekannt, was Jesus im Leben von Messelerinnen und Messlern und bei deren Bekannten schon bewirkt hat.

Dann hört man: „Das wusste ich ja noch gar nicht!“ Ja, wenn das so ist, dann bin ich natürlich am nächsten Donnerstag auch da.

Neugier und Hoffnung bewirken, dass Menschen sich aufmachen, um Jesus zu hören – und zu erleben, was geschieht.

Und Jesus? „Als er die vielen Menschen sah, die ihm nachfolgten, hatte er großes Mitleid mit ihnen. Sie waren hilflos und verängstigt, ohne Ziel und ohne Hoffnung. Sie waren wie Schafe ohne ihren Hirten.“

In einer Dorfgemeinschaft wie hier in Messel weiß man viel voneinander.

Man weiß um Krankheitsnöte, man kennt die Trauernden, die mit dem Verlust eines lieben Menschen nicht fertig werden. Man weiß um Sorgen, die sich Eltern um ihre Kinder machen, man bekommt mit, wo Familien zerbrechen. Oft ahnen wir ja auch nur Zusammenhänge und kennen die Hintergründe nicht. Wir sagen dann vielleicht: „die oder der sieht aber schlecht aus! Na, das ist ja auch kein Wunder, bei dem was er oder sie erlebt!“

Jesus sieht diese Nöte, er sieht auch die verborgenen Nöte, er weiß um Ausweglosigkeit, Ängste und Sorgen. Er kennt die Tränen, die im Verborgenen geweint werden. Jesus hat großes Mitleid mit den Menschen.

Mitleid, das aus seinem Herzen kommt. Echtes Mitleid bedeutet, Menschen so zu lieben, dass wir mit ihnen leiden. Da verhalten wir uns, wie sich Jesus verhalten hat. Das wiederum ist ein guter Schlüssel, Herzen aufzuschließen für Gott.

Jesus sagt zu den Leuten: „Die Ernte ist so groß, aber es gibt nur wenige Arbeiter. Bittet darum den Herrn, dass er noch mehr Arbeiter schickt, die seine Ernte einbringen."

Das Thema „Ernte und Erntearbeiter" ist zur Zeit ganz aktuell. Spargel wachsen schnell und Erdbeeren müssen täglich geerntet werden. Da kann man mit der Ernte nicht warten oder sie aussetzen, bis besseres Wetter kommt. In Deutschland gibt's nur wenige Leute, die diese Arbeit machen wollen. Menschen, die mit gekrümmten Rücken auf Spargeläckern und in Erdbeerfeldern arbeiten, kommen in der Regel aus den Ostblockstaaten.

Jesus geht es nicht um Spargel und Erdbeeren, sondern um Menschen, die jetzt in ihrer Situation und an ihrem Ort Hilfe brauchen.

Da sind wir als Christinnen und Christen gefragt.

Das erste ist, dass Jesus uns auffordert, den Herrn zu bitten, dass er Menschen bereit macht, andern zu helfen. Das ist noch relativ einfach.

Doch dann kommt die Frage: wo sind die Menschen, die sich einsetzen lassen?

Gaben und individuelle Fähigkeiten haben wir alle von Gott bekommen. Jeder von uns kann etwas besonders gut!

Ist Ihnen bewusst, was Sie besonders gut können? Kennen Sie Ihre Gaben? Es ist so wichtig, dass wir andern sagen: das hast du aber gut gemacht! Damit helfen wir, anderen zu erkennen, wo ihre Stärken sind.

Haben Sie schon den Artikel in der letzen Brücke gelesen: „Sorgen Sie für andere!“ Sechs Sängerinnen der „Treue“ berichten, wie sie das praktizieren und Pfarrer Burkholz spricht in dem Artikel davon, dass wir mehr zu einer seelsorgerlichen Gemeinde werden, in der Menschen sich angenommen fühlen.

An dieser Stelle sind wir alle mit unserer ganzen Persönlichkeit gefragt.

Jetzt wird unser Glaube praktisch, denn wir tragen ihn wie eine brennende Kerze aus der Kirche heraus, wir tragen ihn zu den Menschen, mit denen wir beim Einkaufen und im Wartezimmer sprechen. Wir gehen auf sie ein, wir hören ihnen zu. Gesprächsmöglichkeiten ergeben sich in unserer Gemeinde an vielen Stellen: in der Krabbelgruppe, bei Frauen in Aktion, beim Besuchsdienst, beim Brunnentreff, beim Zusammenstehen nach dem Gottesdienst.

Unsere Gesprächspartner spüren: Kirche ist ja gar nicht so weit weg- ist gar nicht so eng, wie wir immer dachten. Da gibt es Menschen, die sind offen für uns, die interessieren sich wirklich für unsere Anliegen – sie tun nicht nur so!

Einsame und Traurige spüren: da hört mir jemand zu und ist für mich da!

Leute, die Orientierung und Hilfe suchen, merken, es lohnt sich, mal näher hinzuhören!

Kranke und Alte spüren, da kommt jemand zu mir und hat Zeit für mich.

Das ist seelsorgerliche Gemeinde!

In der Bibel stehen keine Märchen aus vergangener Zeit. Jesus ist heute derselbe, wie bei den Menschen, von denen uns im Umfeld unseres Predigt-Textes berichtet wird.

Das bedeutet, dass auch in unseren Tagen dieselben Dinge geschehen, von denen uns berichtet wird. Meistens passiert das im Stillen und ganz unspektakulär. Jesus bevollmächtigt z.B. Menschen, die in seinem Namen die Gabe der Kranken-Heilung ausüben und Dämonen austreiben.

Es wird berichtet, dass Jesus 12 Männern Vollmacht gegeben hat, die kein spezielles Studium hatten, die keine Vorkenntnisse mitbrachten, Männer, die ihn später sogar verleugnet haben, die an ihm zweifelten, von denen einer ihn sogar verraten hat.

Jesus rüstet auch heute Menschen mit Vollmacht aus. Wir alle haben den klaren Auftrag, den Herrn darum zu bitten, dass solches geschieht.

Und wir dürfen als seelsorgerliche Gemeinde, von der Pfarrer Burkholz schreibt, damit rechnen, dass Gott auch in Messel Menschen mit dieser Vollmacht ausrüstet. „Wir müssen dazu keine Heilige werden", schreibt er, „Wir ganz normalen Menschen mit unseren Macken, die sich übereinander ärgern, können füreinander sorgen und füreinander da sein."

Aber, wenn spürbar- und bekannt wird, dass – und in welcher Weise Jesus in unserer Zeit und hier in Messel handelt, erleben wir, dass Wunder nicht nur in der Bibel, sondern genau so mitten unter uns passieren.

Matthäus 28, 16 - 20

Mit diesem Abschnitt endet das Matthäus-Evangelium.

Die Verse sind uns allen sehr vertraut, weil sie bei jeder Taufe als Evangelium gelesen werden. Heute sind sie unser Predigt-Text und wir wollen uns ein wenig mehr damit beschäftigen.

Als erstes fällt auf:

Vor seiner Himmelfahrt hat Jesus die Freunde wieder auf einen Berg bestellt. Auf einem Berg hat Jesus seine bedeutendste Predigt gehalten, die sogenannte Bergpredigt, auf einem Berg wurde Jesus vor den Augen seiner Freunde verklärt. Also auch diese letzten Worten Jesu vor seiner Himmelfahrt, die er auf einem Berg an seine Freunde richtet, sind von ganz besonderer Wichtigkeit.

Der Weg auf einen Berg-Gipfel ist in der Regel beschwerlich. Diese Erfahrung ist uns allen vertraut. Aber wenn man oben angekommen ist, wird man belohnt durch einen schönen Ausblick in die Ferne.

Das gilt auch im übertragenen Sinn für die Verse, die wir eben gehört haben. Denn in den Anweisungen, die Jesus seinen Freunden für ihren Dienst gibt, wird sowohl ein beschwerlicher Weg angedeutet, als auch die Perspektive einer ungeheuren Weite.

Er wird nicht mehr persönlich bei ihnen sein, rüstet aber seine Mitarbeiter aller Zeiten mit Geist und Wort aus.

Bevor Jesus zu seinen Freunden spricht, wird uns am Rande noch etwas über ihr Verhalten gesagt. Sie sahen ihn, fielen vor ihm nieder und beteten ihn an. Einige aber zweifelten, ob es Jesus wirklich wäre.

Wie ist denn das möglich, fragen wir uns vielleicht. Da waren sie jahrelang mit ihm zusammen, haben mit ihm zusammen gelebt, haben seine Predigten gehört, haben die Wunder miterlebt, die er getan hat und nun stehen sie hier und zweifeln, ob er es wirklich ist.

Ich finde es so sympatisch und menschlich, dass diese Menschen nicht als Helden beschrieben werden, sondern als Zweifelnde.

Uns kann es nur Mut machen, dass wir auch als Leute, die Zweifel haben, die manchmal nicht glauben können, die das Handeln Gottes hinterfragen, von Gott geliebt sind. Er ist uns ganz nahe, auch wenn wir meinen, Gott sei unendlich weit weg und für uns unerreichbar.

Auf welcher Lebens-Wegstrecke wir uns auch gerade befinden, auf einem Berg, oder in einem tiefen und dunklen Tal, wir sind nicht allein.

Und nun spricht Jesus zu seinen Freunden damals auf dem Berg und heute zu uns:

Ich habe von Gott alle Macht im Himmel und auf der Erde erhalten.

Jesus Christus herrscht als König – alles ist ihm untertänig!

So haben wir eben gesungen.

Er hat durch sein Leben, Sterben und Auferstehen deutlich gemacht, dass er alle Kräfte und Mächte besiegt hat. Das heißt, er ist im wahrsten Sinn des Wortes Herr über Leben und Tod. Er war dem Vater gehorsam – bis zum Tode am Kreuz. Nun hat Gott ihm alle Macht im Himmel und auf der Erde übergeben. An vielen Stellen in der Bibel wird uns davon berichtet, dass alle Menschen – Lebende und Tote, ihn, Jesus Christus, einmal als Sieger und König erkennen werden. Niemand wird sich ihm und seiner Macht entziehen können.

Wenn wir an Menschen denken, die Macht ausüben, dann verbinden wir damit vielfach Begriffe wie Unterdrückung, Willkür, Ungerechtigkeit.

Die Folgen sind: Armut, Not, Korruption und Revolten.

Täglich sind die Medien voll davon.

Vielfach erleben wir ganz persönlich im Umgang mit anderen Menschen, wie negativ sich falsch verstandene Macht auswirkt.

Die Macht, die Jesus Christus von Gott erhalten hat, ist ganz anders. Sie hat Auswirkungen, die erfahrbar sind, wenn auch oft auf sehr verborgene Weise. Das wesentliche Kennzeichen seiner göttlichen Macht ist die Liebe.

Viele von uns kennen das Lied: „Ich bete an die Macht der Liebe!"

Gottes Liebe ist in Jesus Christus Mensch geworden. Das bedeutet, der allmächtige Gott ist einer von uns geworden. Er hat sich selbst in seiner Liebe zu uns geopfert. Es gibt keine menschliche Not, die er nicht auch durchlebt und durchlitten hätte. Er ist ganz Gott und ganz Mensch. Er versteht uns, er kennt uns, er hat uns lieb, so wie wir sind.

Wir alle haben die Möglichkeit, die Macht und die Kraft Gottes, von der Jesus hier spricht, in unserm Leben zu erfahren, wenn wir uns ihr aussetzen.

Weil das die wirklich frohe Botschaft ist nach der sich letztlich alle Menschen tief in ihrem Herzen sehnen, ruft er Menschen in seinen Dienst:

Geht hinaus in die ganze Welt und ruft alle Menschen in meine Nachfolge.

Das klingt wie ein Marschbefehl. Christsein hat etwas mit „in Bewegung setzen" zu tun. Das heißt weiter, christliche Gemeinde hat etwas mit „Hingehen" zu tun. Wie sich das praktisch auswirkt, können wir bei Jesus lernen, der sich auf den Weg zu Menschen machte, die ihn nicht kannten. Er ging dorthin, wo die Menschen lebten und wohnten, wo sie arbeiteten. Er ging da hin, wo Menschen fröhlich waren und wo sie getrauert haben. Von seinem Verhalten können wir für unser Leben als Christen lernen. Jedem, der das so praktiziert, stellt sich manchmal ganz unmittelbar die Frage: wie würde sich Jesus in meiner Situation verhalten?

Die Leute, zu denen er kam, kannten ihn ja vielfach nur vom Hörensagen.

Es hatte sich herumgesprochen, wer Jesus war und wie er wirkte.

Das war so atemberaubend, so spannend, so hoffnungsvoll, dass viele einfach alles stehen und liegen ließen, um so schnell wie möglich das persönlich zu erfahren, wovon sie gehört hatten.

Darin liegt auch in unserer Zeit eine ungeheuer große Chance. Im Zusammenhang mit den unsicheren wirtschaftlichen und gesellschaftlichen Verhältnissen fragen viele Menschen wieder nach Werten, die Bestand und tragende Funktion im Leben haben. Viele Menschen, Alte und Junge sind auf der Suche nach einem Halt im Leben, sie hinterfragen die Botschaft von Kirche, sie beobachten Christen und christlichen Gemeinschaften sehr genau. So gesehen ist die Botschaft von Jesus Christus in unserer Zeit so wichtig und es verbindet sich damit die Frage, auf welche Weise wird sie vermittelt, so dass die Leute sie verstehen und akzeptieren können.

Die Freunde Jesu und die ersten christlichen Gemeinden hatten diesen Aufruf verstanden. Sie warteten nicht, bis Menschen zu ihnen kamen, sondern sie machten sich auf den Weg zu ihnen. Sie gingen zunächst in ihre Umgebung, dann aber im Lauf der Zeit in alle Welt, um die Botschaft von Jesus Christus möglichst allen Menschen zu sagen. Das ist bis heute so. Für uns aber, die wir nicht als Missionare in andere Länder ziehen, heißt das, den Menschen in unserer Umgebung mit unsern Worten und unserm Tun zu sagen und deutlich zu machen, was uns der Glaube bedeutet und welche Erfahrungen wir damit machen. Gerade die ganz persönlichen Erfahrungen sind es, die andern helfen, die sie sich merken, die ihnen Mut machen.

Wie bereits gesagt, werden wir als Christen von unserer Umgebung sehr genau beobachtet.

Es ist eine weithin verbreitete Meinung: Über den Glauben redet man nicht. Weil das so ist, braucht es oft lange Zeit, bis das Vertrauen gewachsen und die Ebene für ein Gespräch über den Glauben geschaffen ist. Aber ich versichere Ihnen, viele Menschen – auch solche, von denen wir es nie erwarten würden – sehnen sich danach, glauben zu können und die Liebe Jesu zu erfahren. Jede und Jeder von uns hat hier eine Aufgabe. Und wenn wir jetzt vielleicht sagen, „das kann ich doch gar nicht," dann sagt Jesus zu uns:

Ich bin bei euch!

Das hat er seinen Freunden versprochen. Woher hätten sie auch sonst Kraft und Energie gehabt, den Auftrag auszuführen?

Die kleine Jüngerschar sah sich einer Welt gegenüber, die von Jesus nichts wusste. Meist waren seine Freunde ganz einfache Leute, aber sie waren erfüllt davon, die Botschaft von Jesus Christus weiterzusagen. Da scheuten sie keine Opfer und brachten vollen Einsatz.

Unsere Gottesdienste und Veranstaltungen der Gemeinde sind zentrale Orte und Gelegenheiten, die Nähe unseres Herrn zu erfahren. Wir singen und beten, wir hören Worte aus der Bibel und die Auslegung in der Predigt. Eine gute Gelegenheit, jemanden persönlich dazu einzuladen.

Manche warten auf eine solche Einladung und freuen sich darüber.

Menschen werden getauft, wir feiern miteinander Abendmahl.
Jesus ist da, nicht nur hier in der Kirche, sondern gerade auch zu Hause, oder wo immer wir auch sind. Er kennt unsere Freude, aber auch unsern Kummer und unsere Sorgen.

Er macht uns Mut,, wenn wir mit andern Menschen zu reden, er hilft uns, richtig zuzuhören, auf sie einzugehen und er schenkt uns auch die richtigen Worte im richtigen Augenblick. Das hat er selbst gesagt.

Dazu steht er, darauf können wir uns verlassen.

Wo eine christliche Gemeinde so handelt, erfährt sie nicht nur ein Wunder nach dem andern, sondern wird auch für Menschen, die nichts von Jesus Christus wissen, attraktiv und interessant.

Markus 12, 28 – 34

„Du sollst den Herrn, deinen Gott, lieben von ganzem Herzen, von ganzer Seele, von ganzem Gemüt und von allen deinen Kräften.

Das andere ist dies: Du sollst deinen Nächsten lieben, wie dich selbst."

Diese Aussage Jesu steht im Zentrum des heutigen Textes.

Es geht um Liebe in dreifacher Richtung: Liebe zu Gott, Liebe zu meinem Nächsten und Liebe zu mir selbst.

Der Begriff „Liebe“ ist in unserm Sprachgebrauch oft strapaziert.

Die Medien gaukeln uns in der Regel eine Scheinwelt vor.

Sie verzaubert und weckt Träume. In vielen Menschen steckt die tiefe Sehnsucht und anhaltende Suche nach dem geeigneten Partner, der geeigneten Partnerin, nach der heilen Welt und die Angst, nur nicht allein bleiben zu müssen. Täglich wird uns die junge und schöne Liebe gezeigt. Da ist der Herzenswunsch doch allzu verständlich: Ja, genau so will ich auch lieben und geliebt werden.

Man träumt von den Schmetterlingen im Bauch und vergisst dabei, dass der Weg vom Verliebtsein zur Liebe manchmal schwierig ist, denn

Liebe verändert sich, sie muss gepflegt werden und lebt von gegenseitiger Vergebung.

Deshalb ist es so interessant, was Jesus Christus zum Thema Liebe zu sagen hat.

An erster Stelle und als wichtigstes Gebot nennt er die Liebe zu Gott.

Geht das überhaupt?

Wir sprechen zwar vom „lieben Gott“, der es gut mit uns meint. Wir bitten darum, dass er uns behüten möge. Aber dann beschleichen uns vielleicht noch andere Gedanken. Wie kann Gott so viel Elend zulassen? Wie passt das mit dem lieben Gott zusammen, wenn ein uns nahe stehender Mensch leiden und sterben muss? Und diesen Gott sollen wir auch noch lieben?

Das ist doch wohl ein wenig zu viel verlangt.

Die Bibel sagt, dass Gott uns liebt. Deshalb hat er seinen Sohn Jesus Christus in diese Welt gesandt.

Durch sein Leiden, Sterben am Kreuz und durch seine Auferstehung sind wir erlöst.

Gott weiß also um menschliches Leid, um Schmerzen und um Tod.

Unser Elend, unsere Trauer ist ihm nicht verborgen. Er weiß, wie es uns dabei geht. Er versteht unsere Zweifel, auch unseren zeitweiligen Zorn auf ihn.

Gott liebt Sie und mich bedingungslos. Das ist Tatsache!

Gott sagt nicht: du hast das und das falsch gemacht, bring das erst mal in Ordnung, dann kannst du wieder kommen!

Nein – er sagt: ich habe dich sehr lieb, und zwar, so wie du bist.

Finden sie nicht auch, das ist ein wunderschöner Gedanke! Das macht uns Gott sympathisch. Das könnte ein Zugang sein, ihn zu lieben.

Aber wo ist der Schlüssel, diesen Gedanken in die Praxis umzusetzen?

Mir hat mal jemand den Ratschlag gegeben, Gott einfach zu sagen, ich habe dich lieb. Das habe ich auch probiert und musste erst mal schlucken. Was sage ich denn da? Stimmt das überhaupt? Nach und nach begriff ich beim Aussprechen und beim Wiederholen das Ausmaß dessen, was ich sagte. Mit der Zeit fiel es mir leichter, Gott zu sagen, dass ich ihn lieb habe.

Dabei wurde mir deutlich, Gott pflegt schon seit meiner Geburt eine Beziehung zu mir. Ganz langsam wuchs nun auch meine Beziehung zu ihm. Diese persönliche Beziehung zu Gott ist immer einem auf und ab unterworfen. Mal ist sie ausgeprägter, mal schwächer. Bei Gott ist das anders. Seine Beziehung zu mir ist konstant und unerschütterlich, auch wenn ich mich total daneben benommen habe. Er freut sich, wenn ich mir einfach seine Nähe bewusst mache und sie suche. Er hat viele Möglichkeiten, solche Momente in meinem Leben mit seiner Nähe und Liebe zu füllen. Lassen Sie sich überraschen.

Als Nächstes nennt Jesu die Nächstenliebe!

Auch hier eine Frage: Wer ist denn unser Nächster?

Ist das die Familie, sind das Kinder, Enkelkinder?

Jesus selbst erklärte seinen Freunden anhand eines Beispiels was er unter Nächstenliebe verstand. Da war jemand überfallen worden. Zwei einflussreiche Kirchen-Männer, so würden wir heute sagen, sahen das Opfer liegen und gingen vorbei. Ein dritter – ein weniger Angesehener hielt an, nahm die Erstversorgung an Ort und Stelle vor und brachte den Überfallenen in eine Herberge. Er beauftragte den Herbergsleiter mit der Pflege und bezahlte ihn aus eigener Tasche.

Diese Jesus Geschichte möchte ich mit einer eigenen Erfahrung ergänzen.

Als der Balkan-Krieg in den 90iger Jahren tobte, meldete sich eines Tages ein junger Bosnier bei mir an der Arbeitsstelle. Er musste mit Frau und kleinem Kind aus der Heimat fliehen. Nun bewarb er sich um die ausgeschriebene Stelle als Krankenpfleger. Er sprach kaum ein Wort deutsch. In unserm Bewerbergespräch sah ich seine angsterfüllten Augen. Ich stellte ihn ein und handelte mir gleichzeitig eine Menge Ärger ein. Die Kollegen kamen. Sie machten ihrem Unmut Luft und sagten: „Wie können Sie jemanden einstellen, der kein deutsch spricht?“ Die Einrichtungsleitung kam und sagte: „Wie können Sie einen Moslem einstellen, wo Sie doch genau wissen, dass wir eine kirchliche Einrichtung sind!“

Der junge Mann lernte schnell deutsch, war bei Behinderten und Mitarbeitern beliebt und entwickelte sich zu einem treuen Besucher der Gottesdienste, in die er die Menschen mit Behinderungen begleitete.

Nächstenliebe kann beinhalten, dass wir einem Menschen in Not helfen. Dabei müssen wir sicher im Einzelfall prüfen, ob unsere Hilfe tatsächlich angebracht und richtig ist, oder nicht.

Nächstenliebe kann auch in kleinen Begebenheiten des Alltags praktiziert werden. Dabei ist es wichtig, dass ich die Bedürfnisse meines Gegenüber wahr nehme. Zum Beispiel: Spreche ich deutlich, wenn jemand schwer hört? Nehme ich mir Zeit, Auskunft zu geben, wenn ich von einem Fremden gefragt werde?

Auch in unserer Gemeinde wird an vielen Stellen Nächstenliebe praktiziert: in der Schwesternstation, im Besuchsdienst, jemanden im Auto mitnehmen, Gemeindebriefe austragen und so manche Dinge, die im Verborgenen ganz selbstverständlich getan werden, ohne dass viel Aufhebens davon gemacht wird.

Als drittes erwähnt Jesus die Liebe zu sich selbst.

Das überlesen wir gern. Diese drei Worte sind wie ein Anhängsel!

Dabei sind sie so wichtig. Sie wollen uns sagen: steh zu dir selber, zu deinem Aussehen, zu deinen Fähigkeiten aber auch zu deinen Schwächen. Manchmal schämen wir uns unserer selbst und unserer Eigenart.

Aber, Gott hat jeden von uns einzigartig gemacht. ER liebt uns so wie wir sind. Wenn wir unsere Bedenken, Komplexe und Defizite immer wieder in den Vordergrund stellen, machen wir letztlich Gott Vorwürfe, dass er uns nicht anders gemacht hat – so wie wir uns das wünschen.

Mir hat an dieser Stelle der Vers aus Psalm 139 geholfen, wo der Beter sagt: „Ich danke dir, dass ich wunderbar gemacht bin – wunderbar sind deine Werke.“ Ich – wunderbar gemacht? Das kann doch nicht sein.

Doch – es ist so. Und weil das so ist, lerne ich es, mich selbst zu akzeptieren, lerne ich, Menschen in meiner Umgebung zu akzeptieren und auch wenn es manchmal schwer ist, sie zu lieben.

Und ich lerne, Gott zu lieben, ihm zu danken, weil er mich wunderbar gemacht hat und er es gut mit mir meint.

So wird das dreiteilige Liebesgebot Jesu zu einer Einheit. Eines hängt vom andern ab, eines ergänzt das andere, eins entwickelt sich aus dem andern. Und, was für die Liebe allgemein gilt, gilt auch für das Liebesgebot Jesu: sie wird sich immer wieder verändern, bekommt immer neue Ausdrucksweisen und lebt aus der Vergebung. Das ist spannend und schön und macht uns dankbar.

Markus 16, 9 - 14

Als aber Jesus auferstanden war früh am ersten Tage der Woche,
erschien er zuerst Maria von Magdala,
von der er sieben böse Geister ausgetrieben hatte.

Und sie ging hin und verkündete es denen, die mit ihm gewesen waren
und Leid trugen und weinten.

Und als diese hörten, dass er lebe und sei ihr erschienen, glaubten sie es nicht. Danach offenbarte er sich in anderer Gestalt zweien von ihnen unterwegs, als sie über Land gingen.

Und die gingen auch hin und verkündeten es den anderen. Aber auch denen glaubten sie nicht.

Zuletzt, als die elf zu Tisch saßen, offenbarte er sich ihnen und schalt ihren Unglauben und ihres Herzens Härte, dass sie nicht geglaubt hatten denen, die ihn gesehen hatten als Auferstandenen.
Drei Personen haben den auferstandenen Jesus mit eigenen Augen gesehen! Drei Menschen aus dem Freundeskreis der Jünger! Meinen Sie nicht auch, denen hätte man diese ungeheure Botschaft doch wirklich abnehmen können!

Nein! Zweimal steht in unserm Text die niederschmetternde Feststellung: "... sie glaubten es nicht."

Als Jesus seine Jünger schließlich selber aufsucht, erlebt er bei ihnen statt Glauben Herzensverhärtung und Unglauben. Das lässt uns zu der Erkenntnis kommen: Ostern bedeutet offensichtlich nicht nur Anfang des Glaubens, sondern auch Beginn großer Verunsicherung.
Man kann nun die Frage stellen: Wie wird aus Unglaube ein Osterglaube?
Es geht nicht darum, ob wir die Existenz Gottes bejahen, oder ob wir die Bibel für Gottes Wort halten.
Man kann das alles richtig finden, aber der Glaube fehlt, – so wie damals bei den Jüngern.
Paulus hat in seinem Brief an die Römer gefragt: "Warum wird das bei euch für unglaublich gehalten, dass Gott Tote auferweckt? Traut ihr es ihm nicht zu?"

Wir sehen: Unglaube kommt bei religiös interessierten Menschen genauso vor, wie bei Frommen!
Und Jesus stellt auch uns die Frage: was trauen wir ihm zu?

Trauen wir ihm beispielsweise die Macht über den Tod zu, die Macht über unreine Geister, die Macht, seine Leute zu beschützen, indem er für ihr Leben sorgt, sie bewahrt vor Gefahr und Not?
Glauben hat also sehr viel mit persönlichem Vertrauen zu tun. Und Vertrauen ist mehr als Wissen. In unserm Predigt-Text wird zunächst Maria aus Magdala erwähnt. Am Anfang ihres Weges stand eine sehr tiefgehende Erfahrung: Jesus, so wird gesagt, trieb sieben unreine Geister von ihr aus. Dann ging sie mit ihm, hörte sehr genau zu, was er sagte und beobachtete ihn, was er tat. All das prägte sich tief in ihr Herz ein. Dann folgte die Begegnung mit dem Auferstandenen. Das Grab, an das sie kam, war leer! Schrecklich für sie! Plötzlich steht da einer vor ihr und fragt sie nach ihrem Kummer: "Warum weinst Du?"

Er spricht sie mit ihrem Namen an: "Maria!"
Da fällt es ihr wie Schuppen von den Augen, sie erkennt Jesus und sagt: "Rabbuni - mein Meister!"
Da ist Osterglaube entstanden!
Das andere Beispiel aus unserem Text sind die beiden Männer, die über Land gingen. Erst im Nachhinein haben sie begriffen, wer ihr unbekannter Begleiter war. Natürlich! Wie er uns die Schrift ausgelegt hat und wie er das Brot bei Tisch gebrochen hatte, das konnte doch nur Jesus selber sein. Auch da ist Osterglaube entstanden!

Aus beiden Beispielen können wir Folgendes für uns persönlich ableiten: Wir lesen in der Bibel, gehen in Gottesdienste und feiern Abendmahl.
Das ist gute Tradition.
Aber irgendwann fällt es uns wie Schuppen von den Augen: Jesus ist für

meine Schuld gestorben! Er ist auferstanden. Er spricht mich persönlich an, so wie er die Maria angesprochen hat und ich weiß genau, das ist Jesus, der da zu mir spricht! Seine Botschaft trifft in mein Herz. Das geschieht bei Jeder und Jedem ganz individuell.

So erfahren Menschen Osterglauben!

Heute, in unserer Zeit, erleben wir, dass Viele überhaupt nichts mehr mit Kirche und Glauben anfangen können. Christliche Kultur und Werte geraten ins Abseits und werden den Leuten immer fremder. Andererseits besteht bei Vielen eine tiefe Sehnsucht nach etwas, was ihr Leben erfüllt und was ihnen Halt gibt. Esoterische Angebote boomen.

Als ich mich vor einiger Zeit mit einer Bekannten über Gottesdienst unterhielt, stellte sie mir voller Unverständnis die Frage: Ein Gesangbuch, bitte was ist denn das?

Hochrechnungen künden uns für die nächsten 20 Jahre einen enormen Schwund von Kirchenmitgliedern an.

Man mag es nennen wie man will: Nichtwissen, Gleichgültigkeit, Unverständnis, mangelndes Interesse, um einige Begriffe zu nennen. Dazu sagt Jesus in unserm Predigt-Text ein deutliches Wort, nämlich: Herzenshärtigkeit!

Glaube, wie Jesus ihn meint, ist nicht Kopfsache, sondern eine Herzensangelegenheit. Was uns nicht in unserm Herzen angekommen ist, verändert unser Verhalten nicht!

Wir sagen manchmal, der Weg vom Kopf ins Herz ist weit!
Offenbar gibt es so etwas wie eine Verhärtung des Herzens. Im Griechischen klingt das wie eine medizinische Diagnose: Sklerokardie! Das Herz ist hart! Es kann nichts eindringen. Da hat jemand dicht

gemacht oder nie wirklich aufgemacht.Das kann verschiedene Gründe haben.

Wir kommen zurück zu unserm Predigttext:
Die elf Jünger hatten eines gemeinsam: alle hatten sie Angst um ihr Leben. Alle hatten mehr oder weniger das getan, was von Petrus so klar berichtet wird: nämlich, als es darauf ankam, sich zu Jesus zu bekennen, da sind sie ausgewichen und geflohen. Sie haben sich versteckt. Dadurch verhärteten sich ihre Herzen.

Um all das weiß Jesus! Um die Menschen von heute, was sie beschäftigt, warum sie sich von Kirche und Glauben fernhalten,

um die Menschen mit Schuld, Vorwürfen und Ängsten, und er sieht seine Jünger in ihrer speziellen Situation.

Ich empfinde es als ungeheuer tröstlich, dass Jesus nach alledem was war, zu den Jüngern hingeht. Er nennt ihr Versagen zwar beim Namen, aber er vergibt ihnen und gibt ihnen anschließend einen klaren Auftrag.

Dasselbe geschieht heute genauso. Jesus der auferstandene Herr lebt und ist in unserer Mitte. Er ist es, der uns mit unserm Namen anspricht, wie damals die Maria, der Glauben weckt und ihn wachsen lässt. Er ist es, der die Krankheit der Herzensverhärtung heilt. Er ruft Menschen, die fern von ihm waren ganz persönlich und individuell in seine Nachfolge. Menschen mit Fehlern, Schwächen und Defiziten gebraucht er in seinem Dienst. Jesus verändert alles.

Bei ihm wird Unmögliches möglich. Aus Unglaube wird Glaube – Osterglaube.

Lukas 2, 7

Ich konzentriere mich auf einen Vers aus der Weihnachtsgeschichte, in dem es um den Raum in der Herberge geht.
Ich möchte Sie mit hineinnehmen in die Gedanken, die mich während der Vorbereitung zu diesem Gottesdienst beschäftigt haben.
Ich habe Gott darum gebeten, dass wir alle etwas vom Geheimnis der Heiligen Nacht spüren und dass das Geschehen von damals unsere Herzen erreicht und erfüllt.

Verbreitet sie nicht Gemütlichkeit, die Krippe, vom Strickkreis gestaltet, die hier unter dem Weihnachtsbaum aufgestellt ist? Wärme und Licht geht von ihr aus. Sie vermittelt Geborgenheit.

Das, was uns so vertraut und so heimelig ist, die Heilige Familie unter dem schützenden Dach des Stalls, war für die Betroffenen eine sehr harte Wirklichkeit. Es war eine ärmliche Notunterkunft, in der das Neugeborene das Licht der Welt erblickte. Wenig später floh die junge Familie vor dem machtbesessenen König Herodes ins Ausland, nicht anders als die Menschen, die zur Zeit aus Syrien, dem Irak oder aus Afrika vor Bürgerkrieg und Terror flüchten. Die Länder, die sie aufnehmen, waren und sind vor schwere Aufgaben gestellt, so dass sie sich, wie die Leute in Bethlehem, überrannt und überfordert fühlen.

Das deutsche Wort „Herberge" meint ursprünglich einen Ort, der das Heer bergen kann, an dem das Heer vor dem Feind einen Schutzraum findet, sich ausruhen kann, um neue Kraft zu schöpfen .
Das bedeutet für uns: Herberge zu haben ist eine Möglichkeit, in inneren Kämpfen und Auseinandersetzungen einen Ort zu haben an dem wir zur Ruhe kommen, uns geborgen wissen und uns zu Hause fühlen.

Die Weihnachtsgeschichte beschreibt uns den Raum in der Herberge als einen sehr dürftigen. Das Kind im Stall aber machte alle Dürftigkeit zunichte. Durch das Licht, das von ihm ausging, verwandelte es die Umgebung genauso wie die Herzen der Menschen – zuerst die der Hirten, später die der Weisen.
Ähnliches erlebten im Laufe der Jahrhunderte viele, die ihm begegneten. Was uns von den Menschen an der Krippe berichtet wird, sind ihre Erfahrungen und die Konsequenzen, die sie daraus zogen. Sie kehrten wieder um, im tiefsten Herzen erfüllt und begeistert von dem, was sie gesehen und erlebt hatten. Das erzählten sie den Menschen in ihrer Umgebung.

Heute Abend lädt er uns ein, Sie und mich. Wir haben uns aufgemacht, in seine Herberge, um zu dem neugeborenen Jesus in der Krippe zu kommen. Für eine Stunde ist seine Herberge auch unsere. Die besondere Atmosphäre dieses Ortes will auch unser Herz erfüllen.
Wie mag es uns dabei gehen? Haben wir das Gefühl, hier ein wenig zur Ruhe zu kommen nach all dem Stress der vergangenen Tage und Wochen? Die Lichter am Weihnachtsbaum, die Musik der Orgel und das gemeinsame Singen tun uns gut.
Ich denke, es geht uns allen so, dass wir tief in unserem Herzen den Wunsch nach Geborgenheit tragen nach einem Ort, an dem wir innerlich verwurzelt sind, an dem wir zu Hause sind. Das will uns die weihnachtliche Botschaft vermitteln. Nicht das niedliche kleine Baby, sondern der heilige Gott freut sich darüber, dass Sie zu ihm in seine Herberge gekommen sind und sie mit ihm teilen.

Wenn wir eine Familie besuchen, in der ein Kind geboren wurde, dann bringen wir in der Regel etwas mit, etwas, was dem Säugling zugute kommt, z.B. ein Badetuch oder Geld, für das die Eltern das kaufen

können, was sie für das Kind brauchen.
Was könnten wir denn Jesus mitbringen?

Meine Antwort ist: uns selber. Wir kommen so, wie wir sind und bringen all das mit, was uns beschäftigt, was uns schwer fällt, das, wo wir nicht weiter wissen.
Ich bringe ihm mit, dass mir das Älterwerden Probleme bereitet und ich nicht weiß, welche Entwicklung mich in dieser Hinsicht noch erwartet.
Mein Freund bringt mit, dass er sich ausgelaugt fühlt und kaum zur Ruhe kommt. Dienst und Familie unter einen Hut zu bekommen, ist ein ständiger Kraftakt. Wie lange hält er diese Spannung noch aus?
„Jetzt habe ich so viele Bewerbungen geschrieben und habe immer noch keinen festen Job", könnte ein anderer sagen.
Jede und jeder von uns hat Gedanken und Gefühle, von denen manchmal auch die Menschen nichts wissen, die uns nahe stehen.

Glaube ist etwas ganz Persönliches und Intimes zwischen mir und Gott. Man sagt, dass Menschen im Glauben eine Heimat – eine Herberge gefunden haben. Das bedeutet: der Glaube hilft, unsere ganz persönlichen Anliegen, welcher Art sie auch sein mögen, in einem größeren, in einem göttlichen Zusammenhang zu sehen. Dann fällt es manchmal leichter, sie anzunehmen.

In einer Studie konnte der US-amerikanische Hirnforscher Newberg nachweisen, dass der Glaube im Vergleich zu anderen Dingen unseres Lebens unser Wohlbefinden im Alltag am meisten zu stärken vermag.
Er konnte in seinen Untersuchungen belegen, dass der Glaube an eine positive Kraft, auch wenn er für ihn nicht nachweisbar war, einen größeren Einfluss auf unser Wohlbefinden hat als regelmäßige sportliche Aktivitäten oder Entspannungsmethoden.

Herberge – Heimat – wie man es auch nennen mag ist ein Ort, an dem ich Menschen begegne. Heute Abend begegnen wir uns – Menschen, die uns nahe stehen und solchen, die uns fremd sind. Wir sitzen dicht beieinander und spüren die Nähe der andern. Das tut gut.
Gerade am Heiligen Abend fließen viele Tränen. Vielleicht hängt das unter anderem damit zusammen, dass wir spüren, unsere Herberge, in der wir hier auf der Erde leben, ist immer eine begrenzte und unvollkommene mit vielen Mängeln.
Zum Beispiel kann das Alleinsein drücken. Oder das Vermissen lieber Menschen schmerzt besonders. Auch unbewältigte Fragen und Verletzungen können eine Bedrohung darstellen, gegen die wir uns nicht wehren können. Krankheit und Schmerzen können oft unerträglich sein und unsere Grenzen übersteigen. Das macht bewusst, dass es bessere Zeiten im Leben gab.
Wie tröstlich ist es auch heute Abend zu hören, dass die Bibel an vielen Stellen von unserer Heimat im Himmel spricht, die unendlich viel schöner und vollkommener ist als die irdische.

Wir bringen in dieser Heiligen Nacht all das mit hierher, was unser Leben ausmacht. Wir haben die Möglichkeit, gleich im Anschluss eine Kerze am Altar anzuzünden. Sie können natürlich auch an Ihrem Platz sitzen bleiben und die Orgelmeditation auf sich wirken lassen.
Mit dieser Kerze schenken Sie dem neugeborenen Jesus-Kind das, was nur Sie selbst und Gott von Ihnen wissen.
Indem Sie das Licht anzünden, wird Ihr Gesicht – und hoffentlich auch Ihr Herz – hell.
Seien Sie sicher, Jesus freut sich, dass Sie zu ihm in seine Herberge kommen, denn er hat Sie lieb so wie Sie sind.

Lukas 2, 41 - 51

"Loslassen können" ist eine schwierige Aufgabe.

Immer wieder erleben wir Situationen im eigenen Leben

oder hören in Gesprächen von Erlebnissen anderer Menschen, wie schwer es fällt, etwas oder jemanden loszulassen.

Vielen, für die die Pensionierung bevorsteht, fällt es schwer, den Beruf loszulassen, der ihnen Halt im Leben gab.

"Loslassen können" – da hinein gehört auch die Erfahrung, Kinder und Enkel oder auch einen Menschen, den man lieb hat, allein, unbeschützt, unberaten in eine ungewisse Zukunft gehen zu lassen. So meinen wir es zumindest.
Das Lukasevangelium erzählt von einer Erfahrung, die die Eltern Jesu mit ihrem Sohn machen mussten.
Lukas gibt uns einen kleinen Einblick in die Jugend Jesu, von der wir so gerne etwas mehr wüssten. Es ist die einzige Stelle in den Evangelien, die uns von dieser Zeit berichtet. Wie hat der kleine Jesus gelebt? Hat er mit den Geschwistern und Nachbarskindern gespielt? Oder hat er, sobald er lesen konnte, nur in den Schriften studiert? Hatte er schon als Kind göttliche Fähigkeiten? War er womöglich ein Wunderkind? So fragen wir uns.
Zunächst einmal können wir davon ausgehen, dass Jesus - wie jedes andere Kind – auch – das tat, was seine Eltern ihm auftrugen. Er fegte die Werkstatt des Vaters, half Maria in der Küche, führte die kleinen Aufträge des Vaters aus. Er war gehorsam. Sicher war er ein besonderes Kind, wie wir heute sagen würden.
Jesus wuchs in einer Familie auf, der der Glaube an Gott ganz wichtig war und der das Leben bestimmte. Maria, Josef und die Verwandtschaft

besuchten jedes Jahr das Passah-Fest in Jerusalem. Als Zwölfjähriger war Jesus dabei, weil er mit diesem Alter zur erwachsenen Gemeinde gehörte. Die zwölf hat symbolische Bedeutung. Sie bringt zum Ausdruck, dass etwas abgeschlossen ist und Neues beginnt. Wir würden heute vielleicht sagen, Jesus war zu der Zeit unseres Predigt-Textes Konfi. Vor allem die jüdischen Jungs wurden von ihren Eltern in Gottes Geschichte mit dem Volk Israel, in die Schriften, Bräuche und den Glauben eingeführt und durften sich aktiv am gottesdienstlichen Leben beteiligen .

Natürlich können wir die Reaktion der Eltern verstehen, wie sie in unserm Bibelabschnitt beschrieben wird. Zunächst vermuteten sie den vermissten Sohn bei Freunden und Verwandten und suchten die auf. Doch da war er nicht. In ihrer Sorge gingen sie den ganzen Weg nach Jerusalem zurück. Das waren etwa 100 Kilometer. Endlich fanden sie ihn im Tempel. Da saß er im Kreis der Lehrer, denen er zuhörte, die er fragte und denen er seine Gedanken mitteilte. Offensichtlich ließ er sich beim Anblick der aufgeregten Eltern zunächst gar nicht stören. Erleichterung und Wut zugleich spüren wir vor allem bei Maria: „warum hast du uns das angetan?“ fragt sie. Kannst Du Dir nicht vorstellen, wie sehr wir uns um dich gesorgt haben? Gott sei Dank haben wir dich endlich gefunden!

Und wie reagiert Jesus auf diese Vorwürfe? Er entschuldigt sich nicht und sagt nur: „wisst ihr nicht, dass ich sein muss in dem, was meines Vaters ist?“

Die Eltern verstehen nur Bahnhof.

Wir hören, dass Jesus ohne Diskussionen mit seinen Eltern nach Nazareth zurück geht, dass er ihnen „untertan“ war, also das tat, was sie von ihm forderten und dass er mit zunehmendem Alter immer verständiger wurde, bei Gott und den Menschen hohes Ansehen genoss.

Was sagt uns diese Geschichte, bzw. was können wir aus ihr in unser Leben übertragen? Ich versuche, das an drei Aspekten deutlich zu machen: bleiben – hören – handeln.

Der erste Punkt ist das Bleiben. Als Jesus an die Öffentlichkeit trat und seine Jünger berief, war er etwa 30 Jahre alt. Vom Zeitpunkt unserer Geschichte bis dahin waren 18 Jahre vergangen. Jesus blieb also 30 Jahre mit seinen Eltern zusammen, war schlicht „des Zimmermanns Sohn und der Sohn der Maria“, wie die Leute später erstaunt feststellten, als er vollmächtig predigte.(Matth. 13,55). Es passierte während dieser Zeit nichts Spektakuläres. Er ging, wie die andern am Sabbat in die Synagoge und pilgerte alle Jahre mit seiner Familie zum Passahfest nach Jerusalem. Er genoss keine Ausbildung für die Zeit, in der er später als Lehrer tätig sein würde. Er tat keine Wunder. Jesus hat im Betrieb seines Vaters mitgearbeitet, war freundlich und von allen geachtet. Der Segen Gottes wirkte sich in seinem Alltag aus.

Auch wir bleiben wie Jesus in unserm Alltag. Wir leben in unseren Familien, haben Verwandte und Freunde. Wir tun das, was zu tun ist, gehen unserer Arbeit nach, freuen uns über Schönes, haben unsere Probleme, und in der Regel passiert wenig Besonderes.
Menschen in unserer Umgebung wissen von uns: „die gehen in die Kirche!“ Wir werden von den Leuten in unserer Umgebung als Christen wahrgenommen. Mehr oder weniger unausgesprochen verbindet sich damit die Frage: Wie verhalten sich Christen im Alltag? Fühlen die sich womöglich besser als andere? Darauf können wir nur mit einem klaren „Nein“ antworten. Wir wissen sehr genau um unsere Schwächen und Fehler, in die wir immer wieder verstrickt sind. Vielleicht setzen wir aber gerade dadurch, wie wir mit unseren Schwächen umgehen Zeichen im Alltag. Wie schön, wenn auch wir sagen können, der Segen Gottes wirkt sich in unserm Leben aus.

Der zweite Punkt ist das Hören. Jesus hörte. Er hörte die Botschaft aus den alten Schriften, kannte sich gut darin aus und nahm sie in seinem Herzen auf. Das war so wichtig für ihn, dass die Eltern erst an zweiter Stelle kamen. Er hörte, was Lehrer im Tempel und in der Synagoge sagten. Er war nicht weltfremd. Er hörte genau so das, was Eltern, Geschwister und Freunde sagten und womit sie sich beschäftigten. Seine Beispiele in Reden und Gleichnissen, die er später als Lehrer gebrauchte, waren ganz praktisch undhatten viel mit Leben und Alltag der Menschen seiner Umgebung zu tun.

Wenn wir uns in Gebet oder Gottesdienst Zeit nehmen, dann kann es sein, dass Gott auch zu uns redet. Das kann Wegweiser für unser Leben sein. Das Großartige daran ist: wir können mit ihm reden wie mit einem Freund, wir können ihn fragen ihm unser Herz ausschütten, ihm danken für Erfahrungen und Hilfen.
Aus Reden mit Gott und Hören auf ihn wächst unsere Beziehung zu ihm. Ich erlebe es so, dass mir beides oft nicht leicht fällt und manchmal auch nicht gelingt. Das ist ganz natürlich.
Wer Sport treibt, weiß, wie wichtig regelmäßiges Training ist.
Wer betet, weiß, dass er mit Gott Erfahrungen macht.

Der dritte Punkt ist das Handeln. Das Handeln Jesu war begründet in der engen Verbindung mit Gott, dem Vater. Daraus schöpfte er Klarheit und Weisung für den Alltag. Alle seine Reden und die Wunder, die er tat, waren begründet in der Verbindung zu Gott, dem Vater.
Wir Menschen erkennen, wie wichtig unser Glaube ist und wie sehr er unser Handeln bestimmen kann. Jede und Jeder erlebt das anders und handelt anders. Was dem einen schwer fällt, ist für den andern kein Thema. Der Glaube hat viele Facetten.
Christen sind Menschen, die mit miteinander auf dem Weg sind. Sie haben die Möglichkeit, das, was sie bewegt, sowohl mit Gott zu

besprechen, als auch mit Mitchristen, um Hilfen und Orientierung zu bekommen.

Dass wir von Leuten in unserer Umgebung als hilfreiche Menschen im weiteren Sinn wahrgenommen werden, sollten wir nicht unterschätzen. Mir hat jemand zu Weihnachten geschrieben: „Es tut gut, zu wissen, dass jemand an einen denkt, sei es im Gebet, sei es durch einen Rat, der zu einer sich öffnenden Tür weist."

Wir sind von den drei Punkten ausgegangen: bleiben, hören, handeln.

Wir haben als Christen den großen Vorteil, zu wissen, wo wir Hilfe finden, nämlich im Gebet, beim Lesen in der Bibel, im Gottesdienst und in der Gemeinschaft mit anderen Christen. Das sind doch großartige Möglichkeiten, die unser Leben reich machen. Finden Sie nicht auch?

Lukas 5, 1 – 11

Viele Bilder und Geschichten der Bibel drehen sich um Fische, das Handwerk der Fischer und ihr Handwerkszeug. Klar: Viele Menschen zur Zeit Jesu lebten schließlich davon, dass sie Fische fingen so wie etwa Petrus, Jakobus und Johannes. Das sind sehr verständliche Bilder, eingängig und plastisch. Die sprechen uns heute genauso an, wie die Menschen damals.

Wenn Jesus zu den Menschen geredet hat, dann brauchte er Worte und Beispiele, die sie verstanden. Das war nicht theologisch kompliziert, sondern er sprach einfach, klar und deutlich. Jede und Jeder konnte es verstehen.

Zur Situation unserer Geschichte: Petrus hat mit seinen Freunden die ganze Nacht gefischt und nichts gefangen. Nun sitzen sie müde, wortkarg und frustriert am Ufer und arbeiten an ihren Netzen.

Da nähert sich eine bunte Menschenmenge. Alles redet durcheinander. Sie bleibt am Ufer des Sees bei den arbeitenden Männern stehen. Jesus steigt ganz selbstverständlich in eins der Boote ein und sagt zu Petrus,: „rudere mich doch bitte einige Meter auf den See hinaus. Von da aus kann ich besser zu den Leuten reden."

Ich hätte wahrscheinlich gedacht: muss das sein? Das fehlt mir ja gerade noch. Oder er hat vielleicht gedacht: eine angenehme Abwechslung. Wir wissen es nicht. Jedenfalls saß Petrus mit im Boot und hörte zu was Jesus zu den Leuten sagte.

Als die Predigt zu Ende war, kam die Aufforderung Jesu an ihn: fahr jetzt bitte auf den See hinaus und wirf die Netze aus. Für den erfahrenen Fischer muss das völlig daneben gewesen sein. Am Tag geht in der Regel kein einziger Fisch ins Netz, denn da ziehen sie sich in die Tiefe des Sees zurück. Fischen lohnt doch nur in der Nacht, wenn das Licht auf den Booten die Fische anlockt und wenn die Netze unsichtbar sind.

Petrus war unsicher, ja es könnte für ihn mit seiner Berufserfahrung sehr peinlich werden.

Kurz vor unserer Geschichte wird in der Bibel erzählt, wie Jesus seine Schwiegermutter gesund gemacht hatte. Petrus hatte dieses Wunder sozusagen hautnah miterlebt. Deshalb sagte er; „Herr, wir haben die ganze Nacht umsonst gearbeitet, aber weil du es sagst, will ich es wagen".

Dann passiert das Unfassliche: so viele Fische sind im Netz, dass es zu reißen droht. Andere Fischer kommen zu Hilfe, um den Fang an Land zu bringen. Petrus ist fassungslos. Er erkennt, wer Jesus ist und dass ihm Dinge möglich sind, die weit über seine Vorstellungskraft hinausgehen. Ganz spontan kniet er vor ihm nieder und sagt: „Herr, geh weg von mir! Ich bin ein sündiger Mensch.

Jesus, in seiner liebevollen und zugewandten Art macht ihm Mut: „Du brauchst keine Angst zu haben“ sagt er zu ihm und weiter: „du sollst in Zukunft Menschen für mich gewinnen!“

Jetzt fragen wir uns vielleicht, was hat denn diese Geschichte mit uns zu tun? Ich will versuchen, darauf eine Antwort zu finden.

Da sind einmal die Leute, die Jesus hören wollen. Deshalb machen sie sich auf und suchen seine Nähe. Sie spüren, von diesem Mann geht etwas aus, was wichtig für ihr Leben ist. Es lohnt sich, ihm zuzuhören, denn er spricht klar, verständlich und liebevoll. Seine Worte und seine Art tun sowohl den Jungen als auch den Alten gut. Man kann sich das, was er sagt, gut merken. Es hilft einem im Alltag. Auch tut er Wunder indem er Kranke gesund macht.
Da ist es doch klar, dass sie andere auffordern, mitzukommen.

Was einem selber wichtig ist, wofür man sich begeistert, dazu lädt man andere ganz selbstverständlich ein.

Da werden Petrus, Johannes und Jakobus genannt, die Fischer, die alles zurückließen und Jesus nachfolgten. Zu Petrus sagt Jesus, „du wirst in Zukunft keine Fische mehr fangen, sondern Menschen für mich gewinnen. Als Symbol dafür können wir die reiche Ausbeute des Fischfangs deuten.

Wo Jesus am Werk ist, geschehen Dinge, die für uns nur schwer einzuordnen sind.
Petrus, Johannes und Jakobus haben ab sofort die Aufgabe, Menschen für Jesus zu gewinnen. Das sagt Jesus ja nicht nur zu den dreien, dieser Auftrag gilt allen, die sich Christinnen und Christen nennen.

Und wie macht man das heute?

Wenn wir uns umschauen, dann sitzen in den Gottesdiensten vorwiegend einige ältere Leute und Konfis, die die Aufgabe haben, in die Kirche zu kommen und deren Kirchenbesuch gezählt wird.

Wie enttäuschend!

Petrus würde an dieser Stelle vielleicht zu Jesus sagen: wir haben uns doch so viel Mühe gegeben, Ideen gesammelt, und zu besonderen Gottesdiensten eingeladen, aber die Leute kommen nicht.
Wie also können wir die erreichen, die nicht kommen?

Jesus könnte ja auch heute das Wunder tun, indem die Leute von ihm angerührt sind, nur so strömen und die Kirche so voll ist, wie am vergangenen Sonntag in Messel.

Menschen für Jesus zu gewinnen, hat etwas mit Begeisterung, persönlicher Einladung und Vorbild zu tun. Wie wichtig ist mir die Sache?

Angler benutzen einen Köder, Die Fischer zur Zeit Jesu lockten die Fische nachts mit hellem Licht, das sie in den Booten hatten.

Der Köder, der uns gegeben ist, heißt „frohe Botschaft“ - Evangelium

Das Licht unseres Lebens heißt Jesus Christus. Wer im Scheinwerferlicht einer Lampe steht, wird angestrahlt und ist gut zu erkennen. Dieses Licht soll man uns ansehen können. Mit solchen

Leuten haben es die andern gern zu tun. So locken wir sie. Sie werden neugierig auf das, was wir ihnen zu sagen und vorzuleben haben.

In meinem Leben gab es einige Menschen, die ihren Glauben so gelebt haben, dass ich sagen konnte: ja, das hilft mir wesentlich weiter:
Meine Religionslehrerin, die biblische Geschichten so erzählen konnte, dass ich als Kind gar nicht genug davon bekommen konnte.
Der Pfarrer und väterliche Freund, mit dem ich als junger Mensch über alles reden konnte, was mich beschäftigte, der mir zuhörte und der mich verstand.
Menschen, die mir nahe stehen und für mich beten.
Wir können und sollen aufeinander achten und einander helfen.
In unserer Gemeinde könnte das beispielsweise bedeuten:
Konfi-Coaches begleiten Euch, liebe Konfis bis zur Konfirmation. Sie haben eine wichtige Aufgabe und sind persönlich für Euch da!
Wie sehr werden die Frauen vom Besuchsdienst oft von den älteren Gemeindegliedern an deren Geburtstag erwartet.
Wie wichtig sind Menschen, die Zeit für mich haben, mich fragen, wie es mir geht und die mir zuhören?
Und wie gut ist es, zu wissen, da ist jemand, der für mich und für meine ganz persönlichen Anliegen betet.
Das sind nur drei Aufgabenbereiche von vielen, die deutlich machen, was es im weiteren Sinne bedeutet, wenn Jesus zu Petrus sagt: Du sollst Menschen für mich gewinnen.
Daran sehen wir, dass jede und jeder von uns in der Lage ist, auf seine ganz spezielle Art und Weise diesen Auftrag in die Tat umzusetzen.

Ich persönlich finde es so tröstlich, dass ich nicht dafür verantwortlich bin, ob und wie die Gemeinde Jesu wächst. Das ist allein seine Sache. Aber ich kann und will meinen Teil dazu beitragen.
Er selber schenkt zum Beispiel Gelegenheiten, mit andern ins Gespräch zu kommen, für andere da zu sein und ihnen zu helfen. Er schenkt Phantasie dafür, was jemand anderes gerade braucht.
So ist gelebter Glaube in unserer Gemeinde wie das Licht vieler kleiner und großer Lichter, die unsere Kirche hell machen, Menschen froh werden und sie die Erfahrung machen lassen, dass Jesus Christus heute genauso erfahrbar ist, wie damals, als die Leute Zeugen eines Fischfangs wurden, der nach menschlichem Ermessen völlig unmöglich gewesen wäre.
Jesus Christus ist und bleibt derselbe, der er war und in Ewigkeit sein wird. Er baut seine Gemeinde zu allen Zeiten und fordert Sie und mich auf, ihm jetzt dabei zu helfen.

Lukas 17, 11 - 19

In den vergangenen Tagen haben wir alle die atemberaubende Rettung der verschütteten chilenischen Bergleute an den Fernsehschirmen mit verfolgt. Da konnten einem schon die Tränen kommen, wenn man miterlebte, wie ein Kumpel nach dem andern die rettende Kapsel verließ. Die ungebremste Freude der Männer und ihrer Angehörigen übertrug sich auf uns alle.

Und einer war da, der kniete nieder. Das wurde nur in einer kurzen Sequenz gezeigt.

Etwas ganz Ähnliches wird uns im heutigen Predigt-Text berichtet.

Wir können es uns in unserer zivilisierten Welt kaum vorstellen, dass offensichtlich kranke Menschen nicht in ein Krankenhaus kamen, um professionelle Hilfe zu erfahren. Diese hier sind aus der Gesellschaft ausgeschlossen und sich selbst überlassen. Sie leben außerhalb des Dorfes in ärmlichen Hütten. Menschliche gesehen geht es ihnen ähnlich wie den eingeschlossenen Kumpels. Nur, dass es nicht dunkel um sie war. Auffallend ist, dass sich die Geschichte in wenigen Augenblicken abspielt, sozusagen im vorbeigehen mit gegenseitigem Zurufen.

Die Kranken sehen, dass Jesus vorbeikommt, sie erkennen ihn und ihre einmalige Chance, gerettet zu werden. Sie schreien im wahrsten Sinn des Wortes um Hilfe.

Jesus hört die Hilfe-Rufe und handelt so schnell wie selten. Er schickt sie zu den Priestern, der damaligen Gesundheitsbehörde. Schon auf dem Weg dorthin werden die zehn Männer sofort gesund und können zu ihren Familien zurückkehren.

Nur einer ist von tiefer Freude erfüllt, ein Samariter, einer, auf den man in der Regel etwas verächtlich herabsah. Der kehrt um, kann sein Glück kaum fassen, fällt vor Jesus nieder und dankt ihm.

Und die andern neun? Sie werden eine Riesen-Party gefeiert haben mit viel Jubel! Das war's.

Und Jesus fragt den einen: sind nicht zehn gesund geworden?

Als ich diese Geschichte las, dachte ich, irgendwie kommt mir das bekannt vor. Da werde ich um Hilfe gebeten, setze mich für andere ein, nehme mir Zeit, mache mir Gedanken, helfe im Rahmen meiner Möglichkeiten.

Und was kommt als Reaktion von der Gegenseite? Nichts!

Ich frage mich: habe ich etwas falsch gemacht?

Habe ich womöglich etwas nicht mitbekommen?

Unsicherheit und Enttäuschung schleichen sich in meine Gefühle ein.

Ich komme mir benutzt vor. Jemand sagte mir mal etwas verächtlich in solche einer Lage: „ach, der gutmütige Herr Gammert...“

Ich möchte Sie heute einladen, mit mir eine gedankliche Wanderung zu machen, die sich mit dem Thema „Danken“ beschäftigt.

Da fällt mir als erstes ein, dass wir als Kinder von unserer Mutter angehalten wurden, für Päckchen und Geschenke zu Weihnachten oder zum Geburtstag Danke zu sagen oder zu schreiben.

Das fand ich damals sehr lästig. Aber es hat sich bei mir nachhaltig eingeprägt. Ich sage oder schreibe den Schenkenden, wie sehr ich mich gefreut habe und bedanke mich.

Und wie freuen sich meine Frau und ich über die Karte oder das kleine Bild, das uns unsere Enkel geschrieben und gemalt haben, wenn wir ihnen etwas geschickt haben.

Danken hängt mit Denken zusammen. Das bedeutet, den anderen oder die andere wahrzunehmen, „was braucht er, was braucht sie jetzt?“

Das kann man lernen, wenn man es will.

Es befähigt uns zu einer positiven Lebenseinstellung, hilft uns Dinge und Gelegenheiten wacher und intensiver wahrzunehmen.

Kurz, es führt zu mehr Lebensfreude.

Danke sagen im Alltag ist oft nur eine kleine Geste, sie kostet nichts,

jeder kann es, es schenkt beiden Seiten ein gutes Gefühl.

Haben Sie schon mal beobachtet, wie sich das Gesicht des gehetzten Verkäufers bei Aldi verändert, wenn Sie ihm danke sagen, dass er Ihnen geholfen hat, den gesuchten Artikel zu finden.

Eine weiter Etappe unserer gedanklichen Wanderung ist der Aspekt,

wann und wie danken wir Gott?

Wenn ich darüber nachdenke, stelle ich fest, es geht mir häufig so wie den neun Männern, die nur eins im Sinn hatten, so schnell wie möglich zu ihren Familien zurück zu kehren.

Ich nehme Vieles für ganz selbstverständlich hin, ohne darüber nachzudenken, was Gott mir täglich alles schenkt.

Überlegen wir doch mal einen Augenblick, für was wir Gott heute danken können.

Pause

Altes und Neues Testament sind voll davon, wie Menschen Gott danken. Das tun Einzelne genau so wie das ganze Volk.

Da wird in Liedern und Gebeten für Nahrung und Kleidung gedankt, zum Beispiel für die Fruchtbarkeit der Erde und den Segen der Ernte, zum Beispiel für Bewahrung in Not und Gefahr und immer wieder für die Geborgenheit in der Nähe Gottes.

Danken ist also etwas ganz Zentrales im Christlichen Leben.

Paulus hat es in seinem Dienst und auch im Umgang mit den Gemeinden bestimmt nicht leicht gehabt. Aber statt zu klagen, beginnt er seine Briefe an die Gemeinden mit einem Dank gegen Gott.

„Ich danke meinem Gott allezeit euretwegen“, schreibt er an die Korinther.

„Ich höre nicht auf für euch zu danken“, schreibt er an die Epheser.

„Ich sage meinem Gott Dank, sooft ich an euch denke“, schreibt er an die Philipper.

Ich denke, dieser positive Einstieg muss doch bei denen, die die Briefe gelesen haben, als erstes Freude bewirkt haben. Dann waren sie sicher viel offener für das, was Paulus ihnen anschließend geschrieben hat.

„Sagt Gott, dem Vater, allezeit Dank für alles“, so schreibt es Paulus an die Gemeinde in Ephesus. Was heißt denn das?

Könnte es sein, Gott wartet auf unsern Dank? Hat er den überhaupt nötig?

Nein – Gott braucht unsern Dank nicht, aber wir brauchen die Einübung ins Danken. Unfähigkeit zum Danken hat nämlich oft eine Verkümmerung des Herzens zur Folge. Das Denken wird eng und bekommt leicht einen negativen und bitteren Grundton. Man kann dann nicht mehr wahrnehmen, was Gott täglich in irgend einer Weise schenkt.

Gerade das Wahrnehmen der täglichen und oft so selbstverständlichen Gaben, z.B. dass wir gut geschlafen haben, dass wir zu essen haben, macht uns dankbar.

Gott schärft unser Bewusstsein und Verständnis dafür, dass wir die Fülle seiner Gaben erkennen können. Und er hat ja noch viel mehr für uns bereit. Wir bekommen offene Herzen für unzählige neue Geschenke, die Gott noch für uns bereit hält.

Lassen Sie uns auf unserer gedanklichen Wanderung kurz inne halten.

Gelegentlich hört man den Begriff von der „Kultur des Dankens“.

Oft dann, wenn sie nicht vorhanden ist.

Es gibt Menschen, die sind zu stolz, sich etwas schenken zu lassen und dafür zu danken. Es ist ihnen einfach peinlich, etwas anzunehmen.

Sie sagen gar nichts, oder es folgen Floskeln wie:

„Das wäre doch wirklich nicht nötig gewesen!" „Ich mach's auch wieder gut!" Nehmen fällt solchen Leuten schwerer als Geben.

Wir kommen zurück zu der Aussage des Apostel Paulus an die Epheser:

„Sagt Gott, dem Vater, allezeit Dank für alles!"

Heißt das, ich soll ihm auch dafür danken, dass bei unserer Tochter eine unheilbare Krankheit festgestellt worden ist? Sicher nicht!

Aber wir können Gott dafür danken, dass sie zur Zeit nicht unter den Auswirkungen zu leiden hat, dass sie drei gesunde Kinder hat und dass sie ihren Alltag bewältigen kann. Und gleichzeitig danken wir ihm auch dafür,

dass er als der Herr über alles die Möglichkeiten hat, sie gesund zu machen.

Beispiel für ein Dankgebet in aussichtsloser Lage ist die Geschichte von Paulus und Silas. Was war geschehen? Die beiden Männer hatten Gutes getan und waren dafür ausgepeitscht worden. Nun lagen sie mit blutendem Rücken und im Block eingequetschten Beinen im Gefängnis und wussten nicht, ob sie den nächsten Tag überleben würden.

„Um Mitternacht beteten Paulus und Silas und priesen Gott in Lobliedern", so steht es in der Apostelgeschichte. Es wäre unsinnig, Gott für die Schmerzen zu danken. Die zerschlagenen Rücken taten sehr weh, die Beine nicht weniger. Aber diese Männer bekamen die Fähigkeit, über ihre Lage hinauszusehen und Gott Loblieder zu singen.

Das bedeutet, sie waren nicht fixiert auf ihre Schmerzen, auf ihre gefährliche Lage. Sie beteten auch nicht um Linderung. Sie sahen über das alles hinweg und lobten Gott, der in allem der Herr ist.

Für uns heißt das, Beten macht die Schwere der Situation zunächst nicht leichter. Aber, Jesus lässt unsere Hand nicht los, auch wenn es in unserm Leben dunkel ist, auch wenn wir Schmerzen und Sorgen haben, auch wenn wir nicht wissen, wie alles weitergehen soll.

Wichtig ist, er weiß den weiteren Weg. Wer Jesus festhält und vor allem, wen er festhält, ist in guten Händen.

Es kann sein, dass wir später begreifen, dass die Zeit der Not für uns zum Besten diente. Später, manchmal viel später, merken wir vielleicht, dass wir stärker und tragfähiger geworden sind.

Gott danken, das können wir ausprobieren. Nicht nur gelegentlich, sondern täglich und immer wieder, bis Dank und Freude feste Bestandteile des Lebens geworden sind.

Johannes 1, 35 – 42

Ums Suchen und Finden geht es in dieser kurzen Geschichte und in der Predigt.

Die beiden Männer, von denen nur Andreas namentlich erwähnt wird, waren Schüler von Johannes dem Täufer. Sie hatten die Taufe Jesu aus nächster Nähe miterlebt.

Als Jesus wieder an den Jordan kam, sah ihn Johannes und sagte zu den Umstehenden: „das ist Gottes Lamm!“

Instinktiv müssen die beiden gespürt haben, das ist ein ganz besonderer Mann! Wir wollen mit ihm gehen - und taten es umgehend.

Sie ließen alles stehen und liegen und gingen Jesus nach.

Doch: wie sollten sie ihn ansprechen? Wie sollten sie sich verhalten?

Sie waren völlig verunsichert! Jesus spürte diese Unsicherheit.

Er drehte sich um und fragte, „was sucht ihr?"

Es fiel ihnen offensichtlich nichts besseres ein, als ganz banal zu fragen:

„Meister, wo wohnst du?" In dieser Anrede stecken sowohl Respekt als auch Erwartungen.

Er forderte sie auf, mit ihm zu kommen.

Sie taten es und erlebten mit, was von Jesus ausging, was er zu den Leuten sagte und wie er sich ihnen gegenüber verhielt.

Andreas war so begeistert von Jesus, dass er umgehend zu seinem Bruder Simon lief und zu ihm sagte: du musst unbedingt mitkommen, wir haben den Messias gefunden! Der spürte wohl, dass hier etwas Besonderes im Gange war. Er sagte nicht: jetzt bist du wohl völlig durchgeknallt, sondern er kam mit und erfuhr in der ersten Begegnung, dass Jesus ihn offensichtlich schon längst vorher gekannt hatte, denn er gab ihm gleich einen neuen Namen.

So weit die Geschichte.

Suchen konzentriert sich in der Regel auf etwas ganz konkretes. Wenn ich etwas suche, ist mein Denken oft so beeinflusst, dass ich mich auf nichts anderes mehr konzentrieren kann.
Ich habe neulich meinen Geldbeutel gesucht und wurde immer aufgeregter und nervöser je länger ich ihn suchte. Wo habe ich ihn

zuletzt gehabt? Ich konnte keinen klaren Gedanken mehr fassen. Bis ich ihn schließlich im Auto fand, wo ich ihn hatte liegen lassen. Welch eine Erleichterung! Solche und ähnliche Begebenheiten kennen wir alle.

Was sucht ihr? Das sind die ersten Jesus-Worte im Johannes-Evanglium. Er fragte damals die beiden Männer. Er fragt heute jeden von uns: „was suchst du bei mir?“ Vielleicht geht es uns wie Andreas und seinem Freund in der Geschichte, dass wir erst mal kurz überlegen müssen, was wir Jesus antworten sollen.

Da Jesus im Laufe seines Lebens immer wieder Menschen gefragt hat, was sie von ihm wollen, bzw. was er ihnen tun soll, will er ihnen und auch uns Mut machen, die Anliegen, die sie und wir haben, beim Namen zu nennen.
Die beiden tun das auch. Ich empfinde ihre Hilflosigkeit sympathisch, denn mir geht es manchmal auch so. Das Gespräch mit Jesus kommt langsam in Gang und wir stellen fest, die vermeintliche Suche ist eher ein bedachtes Hinwenden an Jesus Christus.

Unsere Anliegen könnten heißen:

Du kennst meine Ängste, bitte hilf mir, sie zu überwinden!

Du kennst die Sorgen, die ich mir mache. Zeig mir bitte den Weg, wie es weitergehen soll.

Du kennst meine Trauer, tröste Du mich bitte.

Wie soll es nur weitergehen, wenn die Kräfte nachlassen und ich immer mehr auf fremde Hilfe angewiesen bin?

Jede und Jeder von uns hat seine ganz persönlichen Anliegen, die wir ihm im Gebet vortragen können.

An dieser Stelle können wir etwas Wesentliches von den beiden Männern in unserer Geschichte lernen. Sie suchten die Nähe Jesu. Sie redeten mit ihm, sie hörten, was er sagte und erlebten mit, wie er mit Menschen umging.

Gut, werden wir denken, die hatten es natürlich leichter als wir, weil sie Jesus persönlich erlebten.

Diese Ausrede gilt nicht! Jesus ist heute in gleicher Weise erfahrbar. Wenn wir zu ihm beten, ihn bitten, ihm danken, dann hat er ungeahnte Möglichkeiten, uns zu vermitteln, dass er uns hört, dass er handelt, dass er redet – so wie in der Zeit, in der sich unsere Geschichte ereignet hat.

Aus dem Suchen, besser gesagt, aus der Hinwendung zu Jesus, wird ein Finden – ein Erkennen, das in Bewegung setzt.

Andreas hatte Jesus erkannt, rannte zu seinem Bruder und sagte einfach: „komm mit!“ Beide machten sich auf den Weg. Dann heißt es ganz schlicht: „er führte ihn zu Jesus!“ Da waren aus zwei Jüngern schon drei geworden.

Andreas ist begeistert von Jesus. Begeisterung steckt an!

Diese ansteckende Begeisterung haben wir bei den japanischen Fußballfrauen am vergangenen Sonntag miterlebt.

Begeisterung von Jesus Christus steckt Menschen an, die sein Reden und Handeln persönlich erlebt haben und erleben.

Nun geht es ja nicht alle Leuten wie Simon, der sofort mitkam und sich von Jesus überzeugen ließ. Viele, die die Botschaft gehört haben, brauchen Zeit, sie auf sich wirken zu lassen, bleiben auch weiterhin skeptisch. Jesus kennt jeden einzelnen Menschen und hat ihn lieb, längst bevor wir ihn kennen gelernt haben. Das wird daran deutlich, wie er in der ersten Begegnung auf Simon eingeht.

Ich habe von einem Mann gehört, der der Kirche und dem christlichen Glauben sehr skeptisch gegenüber steht. Bei seiner Frau beobachtete er sehr genau, dass ihr der persönliche Glaube viel bedeutet und ihr Leben bestimmt. Und er sagte: das wünsche ich mir auch für mein Leben!

Suchen und Finden! Es gibt Zeiten im Leben, in denen sind wir mehr Suchende, und dann wieder mehr Findende.

Beides hat seine Zeit. Beides ist spannend!

Ich möchte uns allen Mut machen, über unsere ganz persönlichen Erfahrungen sowohl als Suchende, wie auch als Findende nachzudenken.

Wir werden staunen, wie oft und an wie vielen Stellen in unserm Leben das Reden und das Handeln Jesu Christi schon deutlich geworden ist. Wenn uns das bewusst geworden ist, können wir dafür nur danken. Und dann können wir auch, wenn sich die Gelegenheit dazu ergibt, mit andern darüber sprechen. Wir treten doch für eine im wahrsten Sinn des Wortes „wundervolle" Sache ein!

Apostelgeschichte 6, 1 – 7

Wenn wir einen Stein in ein ruhiges Wasser werfen, klatscht er kurz auf und versinkt. Es bilden sich kleine Wellen, Kreise, die von der Einwurfstelle ausgehen. Sie werden größer und größer.

So ist das mit dem Evangelium, der frohen Botschaft von Jesus Christus wie es uns in der Apostelgeschichte berichtet wird. Sie beginnt damit, dass Jesus vor der Himmelfahrt seinen Freunden Anweisungen gibt, wie sie sich verhalten und was sie tun sollen: ER sagt: Ihr werdet meine Zeugen sein, in Jerusalem, in ganz Judäa und Samarien (also dem Land um Jerusalem herum) und bis an das Ende der Erde. Der Stein ist sozusagen ins Wasser geplatscht. Zum Schluss der Apostelgeschichte wird uns von Paulus in Rom berichtet, (dem Zentrum der damaligen Welt) der dort das Evangelium verkündet. Die Wellen haben ein beträchtliches Ausmaß erreicht.

Dass der Auftrag Jesu bis heute gilt, wird uns später beschäftigen.

Im 6. Kapitel, in dem unser Predigt-Text steht, ist die Geschichte der Gemeinde Jesu noch verhältnismäßig neu. Viele Menschen bekennen sich mittlerweile zu Jesus, immer mehr kommen hinzu. Der Glaube breitet sich aus. Wir können uns das wahrscheinlich gar nicht so vorstellen. Die Welle des Glaubens in Jerusalem, Judäa und Samarien, Orte, von denen Jesus gesprochen hatte, ist wie eine Art geistlicher Zunami.
Es passieren Wunder, Menschen werden geheilt, es herrscht Aufbruchstimmung. Lukas berichtet uns vom großen Wachstum der Gemeinde und davon, dass die Gläubigen ein Herz und eine Seele waren, dass sie ihren Besitz verkauften, um ihn den Armen zu geben. Faszinierend, was da alles passierte!
Aber – wo viel Licht ist, da ist auch Schatten. Es gab Ärger in der Gemeinde! Was war geschehen? Die griechischen Juden waren im Unterschied zu den hebräischen im Ausland geboren. Sie wollten im Alter in Jerusalem wohnen, um einmal in der Nähe der Heiligen Stadt zu sterben und dort ihr Grab zu bekommen. Viele Frauen überlebten ihre Männer. Konnten die jetzt in der Seniorenresidenz „Tempelblick“ eine

komfortable Einzimmerwohnung beziehen? Alles andere als das! Witwen gehörten damals zu den Ärmsten in der Gesellschaft, weil sie sozial nicht abgesichert und darum ganz auf gutwillige Unterstützung angewiesen waren. Die einheimischen Witwen schienen gut versorgt zu sein, die ausländischen hatten keine Verwandten am Ort, die für sie sorgten. Sie wurden übersehen. Gegen diesen Missstand wurde unüberhörbarer Unmut in der Gemeinde laut. Das ist völlig in Ordnung! Eindrucksvoll, wie die Apostel darauf reagierten: „Da riefen die Zwölf die Menge der Jünger zusammen und sprachen: Es ist nicht recht, dass wir für die Mahlzeiten sorgen und darüber das Wort Gottes vernachlässigen.

Die wachsende Gemeinde stand vor neuen Aufgaben. Neben der Verkündigung, für die die Apostel zuständig sind, werden hier die ersten sieben Armenpfleger oder auch Diakone für die praktischen Arbeiten in der Gemeinde berufen und für diesen Dienst gesegnet. Dann heißt es: Das Wort Gottes breitete sich aus und die Zahl der Jünger wurde sehr groß in Jerusalem. Der Friede war wieder hergestellt, die Kreise auf dem Wasser breiteten sich weiter aus, um bei dem Bild vom Anfang zu bleiben.

Inzwischen sind 2000 Jahre vergangen. Es entstanden, entstehen und werden immer wieder neue Kreise auf dem Wasser entstehen. Der Auftrag, den Jesus seinen Freunden gegeben hat, Zeugen in der Welt zu sein, galt und gilt Menschen zu allen Zeiten.

Jetzt frage ich, was würden wohl die Jünger heute sagen, wenn sie unsere Kirchen und Gemeinden sähen? Ich kann mir vorstellen, sie wären zunächst einmal völlig irritiert: verschiedene Konfessionen, Streit um rechte Verkündigung, eine riesige Verwaltung, kommerzielle Diakonie, zunehmende Kirchenaustritte, weniger werdende Gottesdienstbesucher. Menschlich gesehen könnte man verzweifeln!.

Ich bin mir aber sicher, die Apostel würden heute genauso reagieren wie

damals in Jerusalem, indem sie sagten: wir wollen ganz beim Gebet und beim Dienst des Wortes bleiben. Andere sind für anderes verantwortlich. Das heißt für uns: Göttlich gesehen wird es Kirche und Gemeinde zu allen Zeiten geben, sie wird leben und wachsen.
Jetzt sind wir in Messel im Jahr 2014.
Schauen wir uns doch um, wie viele Plätze heute noch frei sind.
Richtig voll ist die Kirche zu besonderen Anlässen, wie am Heiligen Abend oder der Konfirmation, beim Schulanfangsgottesdienst oder beim Lichtergottesdienst am 1. Advent, um nur einige zu nennen. Da fehlen zwar oft die Gemeindeglieder, die sonst immer da sind, dafür kommen aber viele Menschen speziell zu diesem Anlass in die Kirche. Gerade auch solche, die sonst nicht da sind, junge Leute und Kinder.

Messel hat ca. 4.000 Einwohner. Davon sind 1595 evangelisch. Die Entwicklung der Evangelischen Kirche in den nächsten Jahren und Jahrzehnten tendiert dahin, dass Pfarrstellen gekürzt, dass Gemeinden zusammengeschlossen werden und dass gottesdienstliches Leben mehr und mehr reduziert wird. Es ist durchaus denkbar, dass auch bei uns in 20 bis 30 Jahren nur noch alle zwei oder drei Wochen ein Gottesdienst stattfinden wird. Das bedeutet, Vieles in unserer Kirche geht zu Ende, oder wird sich grundlegend verändern. Aber – und das ist die gute Nachricht – die Kirche und Gemeinde Jesu Christi wird leben und bestehen. Sie ist das Salz der Erde, das Licht der Welt, sie ist der Leib Christi in dieser Welt. Sie wird bleiben, weil Jesus bleibt.
Dort, wo auf Jesus gehört wird, wo in der Bibel gelesen und gebetet wird, wo wir in seinem Namen beieinander sind, wo wir nach ihm fragen, da ist er bei uns, da ist seine Gemeinde.
Natürlich müssen wir uns darum kümmern, dass die Finanzierung der Kirchenrenovierung steht, dass die Orgel gründlich überholt wird und die

neue Lautsprecheranlage auch die Zuhörer in der letzten Reihe problemlos erreicht. Natürlich soll der Gemeindebrief ansprechend sein! Natürlich geht es darum, Ehrenamtliche für einen Dienst zu gewinnen, um nur einige Beispiele zu nennen. Und bei allem bleibt auch hier der Ärger nicht aus, so wie damals in der Gemeinde in Jerusalem.

Aber dann kommt der nächste Schritt Dieser Schritt heißt: sich aufmachen und Neues wagen! Das geht uns alle an. Das kostet Mut Ein solcher Schritt war bei uns sicher, die Gruppe „Zeitraum" zu beginnen, für die der Frauenverein, unterstützt von Kommune und Kirchengemeinde verantwortlich zeichnet und die jetzt so gut läuft, dass es bereits eine Warteliste gibt.
Oder denken wir an das „Himmlische Frühstück", das sich großer Beliebtheit erfreut und bei dessen praktischer und inhaltlicher Gestaltung viele Messelerinnen und Messeler mitwirken.
Wir brauchen Mut, zu unserm eigenen Glauben zu stehen. Wir brauchen Mut, zu sagen, dass es uns wichtig ist, in die Kirche zu gehen, um dort in Lied, Gebet und Verkündigung Hilfen für unser Leben zu bekommen.
Wir brauchen Mut und Zeit, uns in der Gemeinde zu engagieren. Wir brauchen Mut, Gutes zu tun, Liebe zu üben, ein Segen für andere zu sein.
Wir werden damit nicht die Welt verändern, aber wir werden durch unser Verhalten für Menschen in unserer Umgebung ein Brief Christi sein, wie es der Apostel Paulus einmal sagt. Wir sind Zeugen der Liebe Gottes.
Von Papst Franziskus gibt es den Ausspruch: „Mir ist eine verbeulte Kirche lieber, die verletzt und beschmutzt ist, weil sie auf die Straßen hinaus gegangen ist".
Wenn wir in diesem Sinn offen sind für Jesus Christus, wenn wir mit dem Herzen hören, was er uns sagt und Impulse nicht nur aufnehmen, sondern sie auch mutig angehen, dann wird er uns hier und da ein

Zeichen geben, wann, wie und wo er unsern Einsatz haben will und uns gebrauchen möchte. Es lohnt sich, in unserer Gemeinde Neues zu wagen. Jesus sagt zu uns: seid stark, seid mutig! Ihr braucht euch nicht zu fürchten. Gott ist mit euch, er lässt euch nicht im Stich. Ja mehr noch: Ihr werdet staunen, in wie vielfältiger Weise Ihr sein Reden und Handeln erleben werdet. Die Auswirkungen des Steines, den Jesus selbst vor 2000 Jahren ins Wasser geworfen hat, sind bei uns angekommen. Das ist doch großartig! Finden Sie nicht auch?

Apostelgeschichte 8, 26 – 39

Was würden Sie sagen, wenn Sie in der Zeitung die Überschrift lesen:

„Finanzminister bekennt sich zum Christlichen Glauben!“

Würde Sie das neugierig machen?

Vielleicht eine mehr oder weniger interessante Überschrift

im Sommerloch der Jerusalemer Boulevard-Presse von vor 2000 Jahren. Die Meldung lautet:

„Wie ein Sprecher des königlich-äthiopischen Finanzministeriums der Jerusalem-Post mitteilte, ist der Minister vor einigen Tagen in unserer Stadt eingetroffen. Er scheute die Strapazen einer Strecke von etwa 4000 Kilometern (hin und zurück) nicht, um an Gottesdiensten im Tempel teilzunehmen.

Durch den Erwerb jüdischer Schriftrollen versuchte er, sein Wissen über den Glauben zu vertiefen. Trotz intensiven Studiums blieb die Materie für ihn unverständlich.

Auf der Rückreise sprach ihn ein zufällig vorbeikommender Passant in der Nähe von Gaza an. Er konnte in einem längeren Gespräch die Fragen des Ministers beantworten. Die Taufe im Teich einer Oase besiegelte seine Entscheidung, sich fortan zum christlichen Glauben zu bekennen."

So oder ähnlich könnte sich unser heutiger Predigt-Text zugetragen haben.
Nachdem sie aus dem Wasser gestiegen waren, entrückte der Geist des Herrn den Philippus. Der Äthiopier sah ihn nicht mehr, aber er reiste mit frohem Herzen weiter.

Eine Geschichte, die sich vor ca. 2000 Jahren ereignet hat und die sich in vielen individuellen Variationen bis heute wiederholt.

Die Überschrift dieser Geschichte ist die gleiche geblieben und lautet zu allen Zeiten: Menschen kommen zum Glauben an Jesus Christus.

Dazu sind gewisse Voraussetzungen nötig, die ich anhand unseres heutigen Textes deutlich machen will.

1. Philippus bekommt einen klaren Auftrag, sich auf den Weg zu machen. Hintergründe und Zusammenhänge werden nicht näher beschrieben. Es steht nur da: Philippus gehorchte sofort. Keine Diskussion, „das passt mir jetzt überhaupt nicht – ich hätte frühestens Ende nächster Woche einen freien Termin - was soll ich denn ausgerechnet da, auf einer staubigen Landstrasse – kann ich bitte Genaueres erfahren? Nein – Philippus geht. Er lässt sich auf das Wagnis ein. Sein Dienst beginnt damit, dass er sich auf den Weg macht.

2. Der Minister, von dem unsere Geschichte berichtet, war ein innerlich suchender Mensch. Er wollte etwas von Gott und Glauben wissen und ließ sich das viel kosten. Nicht nur die Zeit, die er investierte, die Reisekosten, auch teure Schriftrollen hatte er sich gekauft, um darin zu lesen. Aber er hatte in dem Tempelbetrieb offensichtlich niemanden gefunden, dem er seine Fragen stellen konnte. Inmitten der vielen Leute um ihn herum war er allein geblieben.

3. Philippus achtet auf Impulse: er hört die innere Stimme, die zu ihm sagt: geh zu diesem Wagen und bleib in seiner Nähe. Wieder gehorcht er. Ich stelle mir diese eigenartige Situation vor: gemächlich fährt die Kutsche in brennender Sonne über die staubige Landstrasse. Der einzige Fahrgast spricht unüberhörbar vor sich hin, weil er die ihm unverständlichen Texte laut liest, um sie in etwa zu verstehen. Da holt ein Mann schnellen Schrittes das Gefährt ein und beginnt das Gespräch mit dem fremden Menschen im Wagen. Philippus geht auf die Fragen des Ministers ein und erklärt ihm fundiert den Christlichen Glauben. Man spürt richtig die Erleichterung des Reisenden und sein Glück, endlich das gefunden zu haben, wonach er sich lange sehnte. Er lässt sich taufen.

Soweit die Geschichte. Da sie sich bis heute in vielen Variationen wiederholt, möchte ich noch mal das Wesentliche deutlich machen.

Gott spricht Menschen ganz persönlich an, bei jedem tut er es anders. Er hat mit jedem seine ganz eigene Geschichte. Es ist sein Herzensanliegen, dass Menschen zu allen Zeiten ihn als den liebenden

Vater erkennen und sie deshalb ihr Leben unter seine Leitung stellen. Der persönliche Glaube an Gott und an Jesus Christus, seinen Sohn, hat die unterschiedlichsten Ausdrucksformen, die sich im Laufe eines Lebens immer wieder verändern und die ganz individuell sind.

Gott gebraucht Menschen, Sie und mich, um anderen etwas von der Frohen Botschaft zu vermitteln. Dabei kommt es nicht in erster Linie auf eine großartige Predigt an, sondern viel mehr darauf, wie ich auf andere zugehe, im wahrsten Sinn des Wortes. Zu andern hingehen, nicht warten, bis sie zu mir kommen, eine kürzere oder längere Wegstrecke mit ihnen gehen, das ist die Devise. Wenn ich die Männer im Asylantenheim in Messel besuche, dann habe ich die Schuhe ausgezogen und sitze in der Regel mit ihnen zusammen auf dem Fußboden ihres Zimmers. Das ist für sie die Atmosphäre, in der sie sich wohlfühlen und in der bereit sind, zu reden.
Menschen werden durch persönliche Gespräche und Erfahrungen oft mehr angesprochen, als durch eine Predigt in der Kirche. Das kann die Begegnung beim Einkaufen sein, ein Händedruck, ein freundlicher Blick. Vor Kurzem habe ich beim Bezahlen an der Kasse im Supermarkt gehört, wie eine Kundin neben mir zu der Mitarbeiterin im Laden sagte: „Stell dir vor, ich hab gebetet und es hat was genutzt!"

Und die Mitarbeiterin sagte: „Na klar, ich bete auch und erlebe, wie meine Gebete erhört werden!"

Wie wichtig sind die Menschen, die zu ihrem Glauben stehen und die darüber ganz natürlich reden können. Wir alle brauchen gegenseitige Hilfe! Wir brauchen Zeichen von Akzeptanz und Verständnis. Der Minister aus Äthiopien war im Tempel in Jerusalem, inmitten von vielen Menschen – und blieb allein.

Wie traurig ist das. Ich denke, gerade auch in unserer Zeit und unserer Umgebung gibt es Menschen, die sich trotz Handy und moderner Kommunikationsmöglichkeiten einsam fühlen und in der Anonymität leben.
In unserer Kirche wird ganz aktuell über die Bemessung, bzw. das Streichen von Pfarrstellen nachgedacht. Die Zahlen der Gemeindeglieder schrumpfen. Viele Menschen können mit Kirche im Allgemeinen überhaupt nichts mehr anfangen. In eine Kirche zu gehen, ist für die Leute zum Teil mit Schwellenangst oder mit negativen Erfahrungen belegt.

Sehr viele Menschen haben zwar weniger Bezug zu Kirche und persönlichem Glauben, aber sie haben Fragen. Sie nutzen Foren wie z.B. das Internet, in dem sie sich informieren, ohne dass es andere merken. Gott baut seine Gemeinde. Er hat es immer getan und er wird es immer tun.

Unsere Geschichte lehrt uns, dass sich Menschen an unterschiedlichsten Stellen und Orten persönlich und virtuell begegnen, aufeinander zugehen, aufeinander hören, so dass Neues beginnen kann. Das kann für beide Seiten – für die Hörenden und für die Redenden – zur Herausforderung werden: sich Fragen stellen lassen, sich als Christin oder Christ in Frage stellen zu lassen und gemeinsam nach Antworten zu suchen, bei denen wir auf das Wirken des Heiligen Geistes angewiesen sind.
Die Taufe am Schluss der Geschichte ist das Zeichen für einen Neuanfang. Dass dieser Anfang etwas Beglückendes ist, sagt der letzte Satz: „Der Äthiopier reiste mit frohem Herzen weiter". In der alten Übersetzung heißt es: „Er zog seine Straße fröhlich!"
Dass es für jede und für jeden von uns immer wieder ein Neu anfangen mit Gott gibt, damit verbunden die Freude, ihn direkt und persönlich zu

erfahren, dass es Menschen gibt, die mich und meine Anliegen verstehen die darauf eingehen und mir helfen, weiterzukommen, dass ich selber bereit bin, Gottes Impulse und Impulse meiner Mitmenschen wahrzunehmen, das wünsche ich uns allen.

Römer 5, 1 – 5

Drei Grundbedürfnisse menschlichen Lebens stecken in diesem Text:

Glaube, Hoffnung und Liebe!

Viel wird davon gesprochen und darüber geschrieben, es bestehen unterschiedlichste Meinungen und Erwartungen oft auch Zweifel und Enttäuschungen.

Jeder von uns beschäftigt sich mit den Inhalten dieser Begriffe. Wir wünschen uns, dass sie unser Leben mehr und mehr bestimmen.

Einer, für den dieser Text existentiell wichtig war und der sein Leben grundlegend verändert hat, war Martin Luther. Wie Schuppen fiel es ihm von den Augen und Steine fielen von seinem Herzen ab, als er erkannte, dass nicht die sogenannten guten Werke vor Gott galten, sondern allein der Glaube. Und dieses „Allein durch den Glauben" wurde in der Folge zur Kernaussage der Reformation.

Ich will versuchen, mich den drei Begriffen zu nähern.

Da ist zunächst der Glaube:

Glaube heißt im Hebräischen: ergreifen, festhalten, treu sein.

Das bedeutet, dass ich etwas habe, was mir Halt gibt im Leben.

Danach sucht letztlich jeder Mensch und definiert für sich was er unter Glauben versteht, bzw. was ihm Halt gibt.

Für uns Christen ist Glaube mit der Person Jesu Christi verbunden. Deshalb nennen wir uns Christen. Er kam auf diese Erde, um uns die Nähe und die Liebe Gottes durch Wort und Tat deutlich zu machen.

Er ruft Menschen aus der Gottesferne in seine Nähe. Daran hat sich bis heute nichts geändert.

Lebendiger Glaube hat also etwas mit einer persönlichen Begegnung und unserem persönlichen Umgang mit Jesus Christus zu tun.

Eine gute Bekannte kam vor einigen Wochen in großer Not zu meiner Frau und mir. Sie schilderte uns ihre fast aussichtslose Situation. Wir machten ihr Mut, ihre Anliegen vor Jesus Christus im Gebet auszusprechen und um sein konkretes Handeln zu bitten. „Ihr meint wirklich, ich könnte ihn darum bitten, mir in den ganz alltäglichen Dingen zu helfen?“, fragte sie. Wir machten ihr Mut und nannten dann im gemeinsamen Gebet all das, was sie belastete.

Binnen weniger Wochen hatte sich in ihrer Situation und in ihrem Leben so viel verändert, dass wir nur staunen und Jesus Christus für sein Handeln danken konnten.

Der zweite Begriff ist die Hoffnung

Hoffnung ist ganz wichtig für unser Leben und drückt etwas Positives aus. Hoffnung gibt Kraft und Zuversicht. Kranke hoffen darauf, dass sie gesund werden. Eltern hoffen, dass es ihren Kindern im Leben gut geht.

Viele Menschen hoffen, dass der Arbeitsplatz erhalten bleibt.

Beispiele, die sich beliebig ergänzen lassen.

Das Neue Testament versteht unter Hoffnung die ganz bestimmte Erwartung an Gott, dass er uns nahe ist, dass er uns führt, dass er uns hilft, dass er uns retten wird.

Als Christen leben wir in dieser Hoffnung für unser eigenes Leben, aber auch für Menschen, die uns nahe stehen. Wir rechnen damit, dass Jesus Christus zu seiner Zeit eingreifen und handeln wird.

Unser Predigt-Text weist aber noch auf eine weitere Perspektive hin, nämlich die Hoffnung auf die zukünftige Herrlichkeit, die Gott schaffen wird. Er wird diese Welt erlösen von allem Leid, von aller Not und aller Krankheit. Hoffnung und Glaube sind eng miteinander verbunden und bekommen im Licht des Evangeliums neue und weite Perspektiven.

Ein persönliches Beispiel:

Meine 94-jährige Mutter wird immer dementer. Mit einer 91-jährigen Tante, die die beiden versorgt, lebt sie noch in unserm Elternhaus. Beide brauchen immer mehr Hilfe, meinen aber, sie kommen allein zurecht. Wie wird sich der Zustand der beiden alten Frauen weiterentwickeln?

Ich lerne es, diese Not immer wieder neu an Gott abzugeben. Ich habe die feste Hoffnung und lebe in dem Glauben, dass er alles gut machen wird.

Das mag sich vielleicht einfach anhören – ist es aber nicht. Oft überfallen mich Zweifel und Sorgen.

In solchen Situationen lerne ich es, Gott für seine Liebe, Treue und Fürsorge zu danken, die für mich im Leben der beiden an verschiedenen Stellen erkennbar werden.

Der Apostel Paulus schreibt: „Bedrängnis bringt Geduld, Geduld bringt Bewährung, Bewährung aber Hoffnung“.

Der Umgang mit meiner alten Mutter ist für mich immer wieder mit einer starken Bedrängnis verbunden, zugleich aber beinhaltet er auch die Herausforderung meiner Geduld und damit verbunden der Hoffnung,

dass Gott einen guten Weg mit ihr gehen wird.

Damit leite ich über zu dem dritten Begriff, der Liebe Gottes:

„Die Liebe Gottes ist ausgegossen in unsere Herzen durch den Heiligen Geist.“ So steht es in unserm Text
Der Apostel Paulus wählt hier den Begriff des Gießens. Wenn wir mit der Gießkanne den Garten bewässern, dann kommt der Wasserstrahl kräftig aus allen Löchern der Brause heraus. Die Pflanzen danken es uns mit gutem Wachstum.

Gott schenkt uns seine Liebe in eben solcher Fülle. Daraus entsteht Wachstum im Glauben. In einem Lied über die Liebe Gottes heißt es: „streck dich ihr entgegen, nimm so viel du willst.“ Ist das nicht ein großartiges Angebot, gerade in einer Zeit, in der die Liebe in vieler Hinsicht immer weniger wird?

Gottes Liebe zu uns wird daran deutlich, dass Jesus Christus Mensch wurde. Einen größeren Beweis der Liebe Gottes zu uns Menschen gibt es nicht. Er hat alle unsere Schuld an sein Kreuz genommen.

Jederzeit dürfen wir zu ihm kommen, so wie wir sind. Wieder und wieder dürfen wir ihm unsere Schuld bekennen und damit rechnen, dass er sie uns abnimmt. Wir erleben Befreiung und Neuanfang. Wir sind und bleiben seine geliebten Kinder.

“Nun bleiben Glauben, Hoffnung, und Liebe, diese drei, aber die Liebe ist die größte unter ihnen, so endet Paulus das Hohelied der Liebe im Korintherbrief (1. Korinther 13, Vers 13)

Da uns die Liebe Gottes trägt, kann aus dem Glauben, ganz gleich wie groß oder wie klein er sein mag, auch eine tragende Kraft werden, die sich in allen schwierigen Situationen bewährt.
Wir Christen glauben an Jesus Christus und vertrauen auf seine Liebe. Er hat uns den Weg zu Gott, dem Vater geebnet. So hoffen wir auf die ewige Herrlichkeit bei Gott, die uns nach unserm Leben hier auf der Erde erwartet. Das Wissen um dieses Ziel hilft uns, getrost unsern Weg zu gehen, der sowohl über Höhen als auch durch Tiefen führt.
Ich habe zu Anfang erwähnt, welche Bedeutung der heutige Predigt-Text für Martin Luther hatte. Als der Reformator vor dem Reichstag in Worms stand und die großen Männer seiner Zeit vor sich sah, die ihn aufforderten zu widerrufen, konnte er es nicht. Zu wunderbar waren seine Erkenntnis und die Gewissheit, dass allein der Glaube an Jesus Christus die tragende Grundlage für die Zusage der ewigen Herrlichkeit war.
Nachdem er den Widerruf abgelehnt hatte, sagte er: "Hier stehe ich, ich kann nicht anders. Gott helfe mir. Amen"
Ich kann ihn verstehen.

Römer 16, 25 – 27

Bei der Vorbereitung auf diese Predigt musste ich den Text mehre Male lesen. Erst ganz langsam begann ich zu verstehen, was er mir sagen will. Dabei spürte ich, es geht um etwas sehr Schönes, etwas Erstrebenswertes, etwas Mutmachendes, etwas, was mir Kraft und Orientierung für mein Leben gibt. Es geht um das Evangelium, die frohmachende Botschaft von Jesus Christus.

Jeden Sonntag hören im Gottesdienst wir einen Abschnitt aus dem Evangelium. Wenn er gelesen wird, dann stehen wir auf. Das heißt: jetzt kommt etwas Wichtiges, eben die frohe Botschaft von Jesus Christus.

Sie ist die Grundlage unseres Glaubens. sie vermittelt uns Erkenntnisse, die für unser Leben wichtig sind, sie schenkt uns Trost, wenn wir traurig sind und Kraft, wenn wir schwach sind.

Offensichtlich war das nicht immer so. denn Paulus erwähnt, dass das bisher den Menschen verborgen war. Zwar haben die Propheten im Alten Testament darauf hingewiesen, dass Jesus kommen würde, doch das konnten die Leute nicht verstehen.

Auch uns geht das ja so, wenn wir in der Bibel lesen, dass wir Vieles nicht verstehen.

Mit Weihnachten wurde das anders.

Die Engel verkündigten den Hirten, also ganz einfachen Leuten, dass der Heiland geboren sei.

Die ließen alles stehen und liegen, eilten nach Bethlehem, fanden und sahen im Stall das neugeborene Kind in der Krippe.

Was taten sie? Sie kehrten wieder um, lobten und priesen Gott für alles, was sie gesehen hatten. Und alle, die es hörten, wunderten sich. So steht es in der Weihnachtsgeschichte.

Die Hirten waren also die ersten, die unsern Predigt-Text in die Tat umgesetzt haben. Sie waren begeistert. Sie fragten nicht danach: was sagen die Leute, wenn wir erzählen, was wir erlebt haben, Sie lobten Gott und priesen ihn mit ihren eigenen Worten. Das macht uns deutlich: die frohe Botschaft ist so klar und eindeutig, dass sogar die einfachsten Menschen sie verstehen und weitersagen können.

Wie einige von Ihnen wissen, habe ich lange bei Menschen mit geistigen und körperlichen Behinderungen gearbeitet. Gerade da habe ich immer wieder erlebt, wie tröstlich und frohmachend Evangelium sein kann. Einmal kam ich in die Wohngruppe, in der kurz vorher eine Bewohnerin gestorben war. Elisabeth, eine Frau, die ihr Leben lang auf den Rollstuhl angewiesen war, weil ihre Füße verkrüppelt waren, fragte mich, wo die Verstorbene denn jetzt sei. Meine Antwort, dass Jesus sie zu sich genommen habe, leuchtete ihr ein. „Du und ich - wir werden auch mal bei Jesus sein“, sagte ich weiter, „und dann brauchst du keinen Rollstuhl mehr“. Sie nickte zustimmend, strahlte mich an und fragte, „ist dann meine Freundin auch dabei?“

Finden Sie nicht auch, dass an diesem Beispiel deutlich wird, was frohe Botschaft bedeutet? Diese behinderte Frau konnte sich von Herzen freuen – auch in der Gewissheit, dass die Zeit kommen würde, in der sie nicht mehr auf den Rollstuhl angewiesen sein würde. Die Freude, die sie ihr Leben lang trotz der schweren Behinderung verbreitete, war so ansteckend, dass es Betreuerinnen und Betreuern wichtig war, mit ihr zusammen zu sein. Immer wieder sang sie Lieder, die sie aus dem Gesangbuch kannte und wenn es möglich war, bat sie darum, an den Gottesdiensten teilnehmen zu können.
Elisabeth hat das, was im Predigt-Text gesagt wird, ganz praktisch in die Tat umgesetzt, so wie auch die Hirten.

In Bethlehem und Umgebung hat die Verkündigung des Evangeliums begonnen. Gott will, dass ihn Menschen aus aller Welt, aus allen Völkern zu allen Zeiten erkennen, ihn loben und anbeten.

Dabei geht es nicht um großartige Predigten, sondern darum, dass die Liebe Gottes, die er für jeden einzelnen Menschen hat, praktisch erfahrbar wird.

Gott hat mit der Umsetzung selber begonnen, indem er in Jesus Christus als kleines hilfloses Kind zu uns kommt!

Jetzt gehe ich einen Schritt weiter und komme zur Jahreslosung für das neue Jahr 2014. „Gott nahe sein, ist mein Glück!" Wir haben am Sylvester-Tag schon eine Predigt darüber gehört.

In unserm Predigt-Text lesen und hören wir, wie wichtig es für Gott ist, dass Menschen aus allen Völkern und Gesellschaftsschichten sein Evangelium hören und aufnehmen. Wenn das geschieht, dann kann jeder, der das erfährt, nur sagen: Gott nahe zu sein ist mein Glück!

Das bedeutet nun nicht, dass wir jederzeit die Garantie dafür haben, glücklich und gesund zu sein, Erfolg zu haben und uns alles gelingt.

Ich denke, viele von uns erleben genau das Gegenteil. Vielleicht könnten einige sogar sagen: Gott nahe zu sein bringt mir gar nichts, es ist umsonst. Seht doch die Menschen, die mit Gott nichts am Hut haben, die haben Erfolg! Die strotzen vor Gesundheit! Die schwimmen im Geld! Die können sich glücklich preisen!

Das wäre zu einfach und oberflächlich. Gott geht oft sehr behutsam mit uns um. Sein Reden und Handeln geschieht manchmal im Stillen.

In der Stille können Erkenntnisse und gute Gedanken wachsen.

Daraus schließe ich Folgendes:

Gott hält mich fest. Er ist der Aktive.

Es ist mein Glück, dass er mich nicht los lässt.

Gott leitet mich und bringt mich zu seinem Ziel. Dabei mache ich oft die Erfahrung, dass seine Pläne und Gedanken für mein Leben anders sind als meine.

Es ist mein Glück, dass er mich führt.

Er macht uns Mut, seine Nähe zu suchen. Er will uns die Erfahrung machen lassen, dass uns seine Nähe gut tut und uns glücklich macht. Immer wieder gibt es Gelegenheiten in unserm Leben, in denen Gott zu uns redet, in denen er uns Perspektiven deutlich macht, in denen uns ein Licht aufgeht, in denen wir seine Nähe konkret erfahren. Er interessiert sich für uns, wir sind in seinen Augen wertvoll und ihm ist jeder Augenblick unseres Lebens wichtig.

Wenn wir uns Zeit nehmen und darüber nachdenken, fallen uns sicher Situationen ein, in denen Gott zu uns geredet hat und wir seine Nähe gespürt haben.

Gott nahe zu sein, ist unser Glück, unser Halt, unsere Hilfe, unser Trost, unsere Geborgenheit.

Finden Sie nicht auch, dass es ganz wichtig ist, solche Erfahrungen weiterzugeben? Denn Gott ist jedem Menschen nahe, ja mehr noch, er liebt jeden Menschen, auch den, der nichts von ihm wissen will. Deswegen sagt uns der heutige Predigt-Text: Das Evangelium von Jesus Christus muss weitergesagt werden. Es stärkt den Glauben, auf den alles ankommt. Das geschieht sowohl im Gottesdienst , als auch im persönlichen Gespräch. Jede und jeder von uns hat die Möglichkeit, mit eigenen Worten andern Leuten zu sagen, was ihm oder ihr der Glaube bedeutet, wo er uns geholfen hat, wo uns ein Licht aufgegangen ist und dass Gott nahe zu sein, unser Glück ist. Damit wirken wir einladend, damit werben wir für Gott und sein Evangelium.

Das ist umso wichtiger, weil zum Beispiel viele Leute eine gewisse Schwellenangst vor der Kirche haben, oder Vorurteile, bzw. schlechte Erfahrungen oder weil ihnen der Ablauf von Gottesdiensten fremd ist.

Die Hirten in Bethlehem und die behinderte Frau aus Nieder-Ramstadt machen uns Mut, unverkrampft und selbstverständlich über unseren Glauben zu sprechen. Dann tun wir das, was Paulus im Predigt-Text meint, wenn er sagt: Gott sei gelobt, der euch durch das Evangelium und die Botschaft von Jesus Christus Kraft und Stärke gibt. Er allein ist weise. Diesen allein weisen Gott, den wir durch Jesus Christus kennen, ihn wollen wir loben und preisen in alle Ewigkeit.

1. Korinther 9, 16 – 23

Denn dass ich das Evangelium predige, dessen darf ich mich nicht rühmen; denn ich muss es tun. Und wehe mir, wenn ich das Evangelium nicht predigte.

Täte ich's aus eigenem Willen, so erhielte ich Lohn. Tue ich's aber nicht aus eigenem Willen, so ist mir doch das Amt anvertraut.

Was ist denn nun mein Lohn? Dass ich das Evangelium predige ohne Entgelt und von meinem Recht am Evangelium nicht Gebrauch mache.

Denn obwohl ich frei bin von jedermann, habe ich doch mich selbst jedermann zum Knecht gemacht, damit ich möglichst viele gewinne.

Den Juden bin ich wie ein Jude geworden, damit ich die Juden gewinne. Denen, die unter dem Gesetz sind, bin ich wie einer unter dem Gesetz geworden. Obwohl ich selbst nicht unter dem Gesetz bin, damit ich die, die unter dem Gesetz sind, gewinne.

Denen, die ohne Gesetz sind, bin ich wie einer ohne Gesetz geworden – obwohl ich doch nicht ohne Gesetz bin vor Gott, sondern bin in dem Gesetz Christi-, damit ich die, die ohne Gesetz sind, gewinne.

Den Schwachen bin ich ein Schwacher geworden, damit ich die Schwachen gewinne. Ich bin allen alles geworden, damit ich auf alle Weise einige rette.

Alles aber tue ich um des Evangeliums willen, um an ihm teilzuhaben. 1. Korinther 9 Verse 16 – 23

Geht es Ihnen auch so, dass Sie von der Werbung im Allgemeinen genervt sind? Vor allem am Wochenende sind die Briefkästen voll davon. Wir sortieren die verschiedenen Prospekte aus, werfen die meisten in den Papierkorb und schauen, welche Angebote zur Zeit für uns interessant sind. Jeder Anbieter hat das eine erklärte Ziel, Kunden zu gewinnen und sein Produkt an den Mann, bzw. an die Frau zu bringen. Dazu sind ihm alle Mittel recht.

Um Werbung geht es auch im heutigen Predigt-Text. Paulus macht Werbung für das Evangelium, schlicht und ergreifend in einem Brief, den er an die Mitglieder der Gemeinde in Korinth geschrieben hat. Wie würde er das heute tun? Sicher wäre er bei Facebook. Sicher hätte er seine eigene Web-Side – professionell gestaltet – versteht sich. Man könnte seine Botschaft in You-Tube Filmen sehen und hören. Sicher könnte man die Termine seiner Auftritte weltweit verfolgen.

Zeiten und Formen der Kommunikation haben sich geändert, Anliegen und Ziele nicht.

Das Anliegen von Paulus war einzig und allein, Menschen für das Evangelium zu gewinnen. Gleich fünfmal steht das Wort „gewinnen“ in unserm Text. Das macht uns deutlich, wie wichtig es dem Apostel war, unterschiedlichsten Menschen die Botschaft der Bibel nahe zu bringen. In der Tat hat er unzählige Menschen erreicht und dadurch viele Gemeinden gegründet.

Jetzt könnten wir ihn bitten: lieber Paulus, erklär uns doch mal dein Geheimnis, wie du das gemacht hast, Menschen für den Glauben an Jesus zu gewinnen?

Daraufhin würde er uns vielleicht fragen: Sagt mal, wie wichtig sind euch denn persönlich Glaube und Kirche? Was tut Ihr, um Menschen, die mit christlichem Glauben und Kirche nicht viel anfangen können, dafür zu interessieren?
Wir würden antworten: schau dir doch mal an, was für eine Fülle von Angeboten Kirchen und Gemeinden machen. Auch in Messel werden immer wieder Gottesdienste in besonderer Form angeboten.
Aber offensichtlich stoßen wir dabei auf wenig Interesse und schon gar nicht auf Begeisterung.
In diesen Tagen ist das Thema Fußball in aller Munde. Da ist die Begeisterung im Allgemeinen so groß, dass man ganz selbstverständlich darüber redet, dass sich die Leute privat, in Lokalen und auf Fan-Meilen vor Groß-Bildschirmen treffen, um gemeinsam das nächste Spiel anzuschauen, zu jubeln oder die Betroffenheit zu teilen. Niemand macht einen Hehl daraus, was er von der Mannschaft oder von dem einzelnen Spieler hält. Fußball hat etwas Gewinnendes, das Interesse daran etwas Verbindendes.

Andererseits können auch einzelne Menschen etwas Gewinnendes vermitteln. Vor einiger Zeit wartete ich an der Bus-Haltestelle hier in

Messel. In der Regel schaut man als Wartender auf die nicht gerade ansprechende Fassade des Rathauses. Neben mir stand ein junger Mann, den ich nicht kannte. Plötzlich wandte er sich mir zu und fragte freundlich: „Wie geht es Ihnen?“ Ich war sehr erstaunt und antwortete ihm. Im Gespräch stellte sich heraus, dass er seit einiger Zeit hier im Asylantenheim wohnt. Seitdem haben wir regelmäßigen Kontakt und freuen uns, wenn wir uns sehen.

An den beiden Beispielen möchte ich deutlich machen, dass sowohl von einer Sache, die mich begeistert, als auch von Menschen, die offen für andere sind, etwas ausgeht, was sich überträgt.

Paulus sagt uns in dem für uns etwas schwer verständlichen Text: mir sind Menschen aus allen Bevölkerungsschichten wichtig mit ihrer jeweiligen Herkunft, Prägung und Tradition, Ich versuche, sie zu erfassen und auf sie einzugehen.
“ Ich hole sie da ab, wo sie stehen“, würde man heute sagen und vermittle ihnen, wer Jesus ist, was er mir bedeutet und was er ihnen bedeuten kann, wenn sie sich auf ihn einlassen.
Das bedeutet im Hinblick auf unsern heutigen Text: Menschen zu gewinnen, hat offensichtlich etwas mit mir ganz persönlich zu tun, mit meinem Glauben, mit meiner Offenheit. Das bedeutet weiter: ich muss gar nichts besonderes tun, keine Leistung bringen, mich nicht unter Druck setzen, mich nicht verbiegen. Ich muss auch keine Gemeinde gründen – so wie es Paulus getan hat. Ich muss nur einfach ich sein und versuchen, mein Leben und meinen Glauben in Übereinstimmung zu bringen.
Und glauben Sie mir, das hat Wirkung, denn wir werden beobachtet. Mir geht es so, dass die unterschiedlichsten Leute wissen,“ der geht sonntags in die Kirche“. Dann fragen sie sich: wie verhält er sich denn im Alltag, wenn er im Dorf unterwegs ist? Grüßt er mich, sieht er mich? Ist

er freundlich, oder eher schlecht gelaunt oder überheblich? Hört er mir zu, wenn ich ihm etwas erzähle? Kann ich mich darauf verlassen, dass er es nicht weiter erzählt, was er von mir weiß? So oder ähnlich kann es bei uns sein, Menschen zu gewinnen. Jede und Jeder hat da seine eigene Art und das ist gut so.

Wir müssen die Menschen nicht zu Christen machen. Nein! Das können wir auch gar nicht. Aber wir haben die Chance, unsern Glauben mit Wort und Tat zu leben und zu bekennen.
Wenn Philipp Lahm oder Thomas Müller irgendwo hinkommen, werden sie als Fußballer erkannt. Sie reden natürlich in erster Linie über Fußball und werden durch die Qualität, die sie als Spieler bringen, bewertet . Paulus würde vielleicht sagen: schaut sie euch an! Die haben etwas Gewinnendes, denn sie sind von ihrer Sache völlig überzeugt.

Wir heißen nicht Lahm oder Müller und sind keine Fußballprofis. Aber wir haben eine großartige und einmalige Sache zu vertreten, nämlich die, dass Jesus Christus uns liebt und so annimmt, wie wir sind. Wir brauchen keine Leistungen zu bringen, keine Bedingungen zu erfüllen. Auch wenn wir Fehler machen und versagen, können wir immer wieder zu ihm kommen. Ja, er wartet sogar auf uns. Wir können mit ihm reden wie mit einem Freund. Er hört uns und ist immer für uns da.
Das alles können wir, wenn es sich ergibt, andern erzählen, so wie wir andern davon berichten, wie schön es im Urlaub war und dass es sich lohnt wieder dorthin zu fahren.
Das ist unser Part
Bei Paulus war das genauso. Heute würden wir sagen, er hat einen vollen Einsatz gebracht.
Dass Menschen sich mit ihrem ganzen Leben an Jesus wenden, sich an ihm orientieren, mit ihm rechnen, konsequent sind im Glauben, das

weitersagen, was sie mit ihm erlebt haben, das bewirkt Gottes Heiliger Geist – heute wie zu allen Zeiten.
Kirche und Gemeinde Christi gibt es nun schon über 2000 Jahre und es wird sie immer geben, bis Jesus einmal wiederkommt. Das hat er gesagt. Menschen zu allen Zeiten haben Gott gesucht und ihn gefunden. Auch in Messel gibt es Menschen, die ihre ganz persönlichen Erfahrungen mit Gott gemacht haben, die aber selten in der Kirche sind. Auf den Punkt gebracht heißt das, unser Leben im Alltag soll etwas Gewinnendes vermitteln. Das spüren Menschen in unserer Umgebung.

2. Korinther 3, 2 – 6

In dieser Woche fiel mir ein Brief in die Hand, den Onkel und Tante zu unserer Hochzeit im April 1971 geschrieben haben. Beide sind schon lange tot. Aber beim Lesen waren sie für mich wieder ganz gegenwärtig. Beide waren mir in meiner Entwicklung und in meinem Leben Vorbilder. In dem Brief gratulierten sie uns und freuten sich auf unsern Besuch. Die beiden unterschiedlichen Schriftbilder spiegeln unverkennbar ihre Persönlichkeiten wieder: die Tante temperamentvoll und praktisch, der Onkel korrekt und tiefgründig, beide liebevoll und einfühlsam. Ihren christlichen Glauben lebten sie überzeugend und ohne viele Worte zu machen. Ich empfinde diesen Brief heute, 41 Jahre später, als Geschenk und Vermächtnis. Wenn ich ihn auf mich wirken lasse, dann kommen mir im Zusammenhang ganz viele Erinnerungen und Begegnungen in den Sinn, an die ich lange nicht mehr gedacht habe. Der Brief hat erneut in mir eine starke innere Verbindung zu Onkel und Tante lebendig werden lassen. Ich werde ihn so aufheben, dass ich ihn immer mal wieder zur Hand nehme und dankbar an beide denke.

Ging es dem Apostel Paulus wohl ähnlich, wenn er an die Menschen in Korinth dachte?

Paulus hatte den Menschen in Korinth das Evangelium, die frohe Botschaft von Jesus Christus verkündigt. Viele waren zum Glauben gekommen. Seine Predigt hatte Auswirkungen. Das Leben und das Verhalten der Gemeindeglieder hatte sich positiv verändert. Menschen in ihrer Umgebung stellten Veränderungen fest.
Das weiß Paulus und deshalb schreibt er: „ihr selbst seid der beste Empfehlungsbrief für uns. Er ist in unser Herz geschrieben und kann von allen gelesen werden."

Zu einem persönlichen Brief gehören zwei: ein Schreiber und ein Leser.

Der Brief an sich ist Mittel zum Zweck. Das Schöne an einem Brief ist, dass man ihn immer wieder zur Hand nehmen und ihn lesen kann.

Viele Menschen heben für sie wichtige Briefe auf und bewahren sie wie eine Kostbarkeit. Das wird leider in unserer schnell-lebigen Zeit mit E-Mail und SMS immer seltener.

Wenn also Menschen – wie Paulus hier schreibt – mit einem Brief Christi verglichen werden, in deren Leben die göttliche Handschrift erkennbar wird, dann hat Gott Männer und Frauen bevollmächtigt, die mit ihrem Leben und mit ihrer Verkündigung andern geholfen haben, im christlichen Glauben zu wachsen. Daran hat sich bis heute nichts geändert.

Das meint Paulus, wenn er schreibt:

Wir haben diesen Brief in seinem Auftrag geschrieben,

nicht mit Tinte, sondern mit dem Geist des lebendigen Gottes, nicht auf steinerne Gesetzestafeln wie bei Mose, sondern in eure lebendigen Herzen.

Ich empfinde in der Verkündigung der christlichen Botschaft, eine ungeheure Vielfalt. Überall auf der Welt werden in den verschiedensten Kirchen und Sprachen Gottesdienste gehalten. Jeder Prediger legt die Botschaft der Bibel etwas anders aus, auf seine ganz eigene und ihm gemäße Weise. Das finde ich faszinierend.

Ähnlich ist es bei den Zuhörern. Was den einen begeistert, findet ein anderer eher langweilig und wenig ansprechend. Oft ist es nur ein einziger Satz oder ein Gedanke in einer Predigt, der genau in die momentane Situation des Zuhörers trifft, so dass der das Empfinden hat, Gott habe ihn ganz persönlich angesprochen. Unterm Strich kann man sagen,

Der Heilige Geist wirkt in einer ungeheuer großen Vielfalt.

Wenn Paulus im Gegensatz dazu von den steinernen Gesetzestafeln spricht, dann erinnert er an das Gesetz, das Gott dem Mose für das Volk Israel mit auf den Weg gab. Da stand in Stein eingraviert, was für viele Generationen des Volkes Israel in gleicher Weise gültig war.

Gesetz und Wirken des Heilgen Geistes sind wie Pol und Gegenpol.

Ich stelle mir vor, Paulus würde in heutiger Zeit einen Brief an uns schreiben.

Ich habe einen Entwurf versucht, den der Apostel sicher ganz anders formuliert hätte.

Liebe Gemeindeglieder in Messel!

Ihr seid als Christen der beste Empfehlungsbrief für die Menschen in eurer Umgebung. Von allen kann er gelesen werden: von eurer Familie, von euern Freunden und Nachbarn, von euern Arbeitskollegen, von Menschen, die Euch im Alltag begegnen. Sie erkennen an euerm Verhalten, dass euch der Glaube wichtig ist, dass er euer Leben beeinflusst und dass er in schweren Zeiten trägt. Der Heilige Geist gebraucht und rüstet Menschen in euerm Ort als Werkzeuge aus. Das gilt für das Pfarrer-Ehepaar Burkholz genauso, wie für die ehrenamtlichen Seelsorgerinnen, deren Namen in der Brücke zu lesen sind. Das gilt für die Schwestern der Pflegestation genauso wie für die Leute im Kirchenvorstand, das gilt für die Mitarbeiter in der Kinder und Jugendarbeit, wie für die Konfi-Coaches und für viele andere. Jede und Jeder in Messel findet zumindest eine Ansprechpartnerin oder einen Ansprechpartner, der ihr oder ihm in der jeweiligen Situation weiterhelfen kann mit Wort und Tat.

Dabei gilt zu allen Zeiten: der heilige Geist ist und bleibt derselbe. Damals hat er uns für den Dienst bei den Menschen in Korinth ausgerüstet. Heute gebraucht und befähigt er Menschen in Messel.

Daran wird deutlich, dass Gott lebt, handelt, erfahrbar war, ist und sein wird.

Das ist doch eine wunderbare Botschaft, findet ihr nicht auch?. Gott macht uns immer wieder das Angebot, ihn in unserm Leben wirken zu lassen. Er lässt uns die Freiheit, darauf einzugehen, oder nicht. Wenn wir aber darauf eingehen, wird Vieles neu und anders. Das ist das Wirken des Heiligen Geistes. Genau diese Auswirkungen erkennen die Menschen in eurer Umgebung. Deshalb lesen sie von Euerm Leben ab, wie wenn man einen Brief liest, dass es sich lohnt, Christin oder Christ zu sein. In einer Zeit, in der alte Ordnungen und Werte über Bord geworfen wurden, suchen Menschen verstärkt nach Inhalten, die für ihr Leben wichtig sind und woran sie sich fest halten können. Unser Christsein wird oft viel genauer beobachtet, als uns das bewusst ist.

Ich wünsche euch, dass das Leben der Menschen Eurer Gemeinde immer mehr wie ein einladender Brief ist, geschrieben mit der deutlichen Handschrift des Heiligen Geistes. Dann können ihn viele lesen und nicht nur das, sie haben die Möglichkeit, der persönlichen Einladung Gottes zu folgen. Das wünscht euch euer Paulus.

Ich habe Ihnen zu Beginn von dem Onkel und der Tante berichtet, die meiner Frau und mir zur Hochzeit gratuliert haben. Sie waren für uns Briefe Christi.

Wenn Sie darüber nachdenken, wird es sicher auch in Ihrem Leben solche Menschen geben und gegeben haben, von denen Sie Ähnliches sagen können und für die Sie dankbar sind.

Seien Sie versichert, auch Sie werden für Kinder, Enkel, Freunde und Nachbarn Leute sein, die prägend sind, an deren Verhalten man sich orientiert, die man nicht vergisst. Das Besondere daran ist, dass Sie selber davon gar nichts mitbekommen. Und das nennt man Wirken des Heiligen Geistes Gottes.

2. Korinther 6, 1 - 12

Ein schwieriger Text! Und doch ist er uns auch ein wenig vertraut, denn er schließt mit der diesjährigen Jahreslosung.

Im Sylvestergottesdienst hat uns Ehepaar Burkholz auf das Thema eingestimmt, das uns im Jahr 2012 sicher immer wieder beschäftigen wird. Da ist einerseits die eigene Schwachheit, die uns belastet, da sind die Defizite, die uns Angst machen. Da ist andererseits der Glaube, dass Gott uns hilft und uns von Fall zu Fall mit Kraft ausrüstet. Das ergibt einen großen Spannungsbogen. Immer wieder ist es ein Wagnis, sich auf Gottes Kraft einzulassen und die eigene Schwachheit an die zweite Stelle zu setzen. Es ist sicher interessant, wenn wir am Ende des Jahres über unsere Erfahrungen mit menschlicher Schwachheit und göttlicher Kraft reden.

„Hauptsache gesund bleiben! – Alles andere ist zweitrangig!"

So gratuliert man uns gelegentlich zum Geburtstag.

Wie wichtig die Gesundheit in unserm Leben ist, davon können wir sicher alle ein Lied singen, Gesundheit ist oft Thema Nummer eins in Gesprächen, bei Feiern und in Wartezimmern.

Über die Gesundheit hinaus wünschen wir uns, dass es uns rundherum gut geht und wir zufrieden sind. Dabei schließen wir die Menschen mit ein, die uns nahe stehen und die wir lieb haben.

„Lass dir an meiner Gnade genügen, denn meine Kraft ist in den Schwachen mächtig. So heißt die Jahreslosung.

Der Begriff Gnade meint vom Ansatz her das, was erfreut.

Gnade heißt auf griechisch: charis – sich freuen.
In unserm Sprachgebrauch kennen wir Gnade z.B. dann, wenn ein Beschuldigter vom Staatsoberhaupt begnadigt wird, oder z.B. im Zusammenhang mit dem Gnadenhof, einer Einrichtung, in der Tiere bis an ihr Lebensende betreut werden und in der sie es gut haben.
Das Neue Testament versteht unter Gnade Gottes immer sein unmittelbares Eingreifen und Helfen. In unserer Beziehung zu Gott erfahren wir seine Gnade, also sein Handeln und Helfen.

Wir wissen von Paulus, dass er eine ganz besondere Beziehung zu Gott hatte.

Und trotzdem spricht er von Schwachheit, von Misshandlungen, von Nöten, von Verfolgungen und Ängsten um Christi willen. Erkennen wir hier den Spannungsbogen zwischen Schwachheit und Stärke? Und es wird noch heftiger, denn er schreibt: Mir ist ein Pfahl, ein Stachel ins Fleisch gegeben, nämlich des Satans Engel, der mich mit Fäusten schlagen soll. Was er damit meint, wissen wir nicht. Manche meinen, er litt an einer unheilbaren Krankheit.

Paulus, der als Apostel ständig unter großen Strapazen und Gefahren unterwegs war, der viele Briefe geschrieben hat, durch den viele Menschen zum Glauben gekommen sind, durch dessen Aussagen auch wir Menschen von heute geprägt sind und dessen Lehre die Kirche bis heute beeinflusst, der stößt immer wieder an seine Grenzen.

Da ist noch etwas, was wir nur am Rand streifen. Unser Predigt-Text berichtet von geheimnisvollen Erfahrungen und Erlebnissen, die Gott dem Apostel Paulus geschenkt hat. Wir können sie kaum nachvollziehen. Er berichtet davon in der dritten Person, damit jegliche Angeberei und Prahlerei vermieden wird. Diese Eindrücke sind so stark und unbeschreiblich, dass Paulus nur die eigene Schwachheit in den Vordergrund stellt. Der Schluss, den er daraus zieht ist der, dass die eigene Schwachheit durch die göttliche Kraft einen besonderen Stellenwert im Leben des Menschen bekommt.

Gott macht etwas aus unserer Schwachheit.

Was will uns das sagen?

Grenzen, Schwachheit, Defizite. Jede und Jeder von uns erlebt sie hautnah. Teilweise kann man darüber berichten, teilweise ist es nur peinlich, darüber zu reden. Wir schämen uns, niemand soll davon erfahren.

Die folgenden Beispiele streifen dieses Thema nur ansatzweise:

Ich denke an die jungen Leute, die studieren und nicht wissen, ob sie einen Job bekommen, weil nur die Besten eine Chance haben.

Ich denke an die Frau die unter ständig wiederkehrende Schmerzen leidet, gegen die letztlich kein Arzt etwas tun kann!

Ich denke an die vielen Menschen, die Angst um ihren Arbeitsplatz haben müssen, weil sie älter werden und nicht mehr so leistungsfähig sind wie früher.

Und wir Alten erkennen immer deutlicher, wie die Kräfte nachlassen.

Was wird, wenn wir nicht mehr können?

Ein alter Herr erzählte mir mit bebender Stimme, wie furchtbar es für ihn war, unter schlimmen Bedingungen in Gefängnissen der DDR eingekerkert zu sein und nicht zu wissen, wie es für ihn weiter ging.

Paulus hat in seiner Situation gebetet. Dreimal hat er in besonders intensiver Weise zu Gott gefleht, dass er ihm doch dieses spezielle Leiden, von dem wir nicht wissen, was es war, abnehmen möge.

Umso überraschender ist die Antwort. Gott sagt: „du brauchst nicht mehr als meine Gnade, aber dieses Leiden nehme ich dir nicht ab.“ Diese Antwort ist einerseits enttäuschend und andererseits tröstlich. Ich glaube, ich wäre erst mal schockiert und beleidigt gewesen, wenn ich diese Antwort bekommen hätte. Paulus aber konnte sie annehmen und seine eigene Schwachheit akzeptieren. Denn er glaubte fest daran, dass Gott alle Kraft und Macht hat, ihn zu stärken und ihm zu helfen. Der

Blickwinkel war ein anderer geworden und das Bewusstsein, in enger Abhängigkeit von Gott zu leben, machte ihn innerlich ruhig und gelassen.

Die Bibel macht uns an vielen Stellen Mut, zu beten, zu bitten, Gott anzurufen. Dabei haben wir klare Vorstellungen, wie er handeln sollte:

Den jungen Leuten soll er bitte einen Job geben, die Schmerzen soll er bitte wegnehmen, die Arbeitsstelle bitte erhalten, die Beschwerden bitte lindern. Der alte Herr hat im Gefängnis sicher intensiv dafür gebetet, dass er freigelassen wird. Und ich denke, viele Menschen aus seinem Freundeskreis haben ihn in diesen Gebeten unterstützt.

Jede und Jeder bringt seine Defizite, Schwachpunkte und Ängste im Gebet zu Gott und breitet sie vor ihm aus.

Und wenn unsere Bitten nun nicht erhört werden? Es könnte der Eindruck entstehen, wir haben vielleicht nicht richtig oder zu wenig gebetet.

Oder mit unserm Glauben stimmt irgend etwas nicht.

Nein, das ist nicht so.

Zum einen ist Gott kein Automat, in den man ein Gebetsanliegen hineinsteckt und bei dem die erwartete Antwort herauskommt.

Zum andern weiß Paulus, dass Gott ihn in seiner Situation nicht im Stich lässt. Das haben wir gehört. Er ist davon überzeugt, dass Gott ihn erfreut, ihn segnet, dass er ihm in der jeweiligen Situation hilft und ihn viele positive Erfahrungen machen lässt.

Das heißt für uns erst einmal, dass Gott da ist, dass er unsere Gebete gehört hat und wir nicht alleine sind. Dann heißt es weiter, dass wir Antwort bekommen auf unser Gebet – wenn auch manchmal anders, als wir das erwartet hatten oder sie zu einem späteren Zeitpunkt eintrifft.

Wichtig ist nur, dass wir überhaupt mit einer Antwort rechnen, darauf warten und nicht auf die Gebetserhörung fixiert sind, wie wir sie uns vorgestellt hatten.

Auch uns gilt ja seine Gnade. Und wir haben gehört, dass Gnade etwas ist, was erfreut. Gott will uns nicht klein machen - im Gegenteil! Er will uns erfreuen, er will eingreifen, helfen und uns beschenken. Gerade dann, wenn wir an unsere Grenzen gelangt sind, sind alle Möglichkeiten für sein Handeln offen und die sind grenzenlos.

Epheser 1, 15 – 23

Ein nicht einfacher Text! Man müsste ihn 2 oder 3 x lesen, um einen besseren Zugang zu ihm zu bekommen.

Die große Freude des Apostels Paulus fällt auf, wenn er an die neue Gemeinde in Ephesus denkt. Er versucht, den jungen Christen deutlich zu machen, welche weitreichenden Auswirkungen die Kraft Gottes im Leben eines Christen, einer christlichen Gemeinde hat!

„Wes das Herz voll ist, dem geht der Mund über" heißt ein bekanntes Sprichwort. Das kann man hier auch bei Paulus sagen.

Er schreibt: „Ich höre nicht auf, zu danken und für euch zu beten!"

Wofür hat er zu danken?

Er dankt dafür, dass die Christen in Ephesus einen festen Glauben an Jesus Christus haben.

Er dankt dafür, dass die Menschen in der Gemeinde in Ephesus in Liebe miteinander verbunden sind.

Er dankt für den Anfang, den die Menschen im Glauben gemacht haben und dafür, dass der Glaube in der Gemeinde so spürbare Auswirkungen hat.

Aus dem „Danken für die Gemeinde“ entwickelt sich bei Paulus eine ausgeprägte Fürbitte.

Daraus können wir für unser eigenes Beten etwas Entscheidendes lernen.

Beim Nachdenken stellen wir fest, für wie viel wir Gott, dem Vater im Himmel, zu danken haben.

Er meint es gut mit uns, auch wenn wir das manchmal nicht- oder oft erst viel später verstehen.

Gott liebt uns genauso, wenn wir ihm unsere Klagen, unsere Zweifel, unsere Wut über sein Handeln vorhalten.

Paulus bittet um Weisheit für die Gemeindeglieder in Ephesus, dass sie ihn und sein liebevolles Handeln immer besser erkennen.

Hier im Text steht: „er öffne euch die Augen“. Luther übersetzt: „er gebe euch erleuchtete Augen des Herzens“. Das ist noch viel deutlicher. Ein schönes Bild!

Wie wichtig sind gute Augen! Um lesen zu können, braucht man gute Augen! Um die Aufgaben im Haushalt bewältigen zu können braucht es gute Augen. Ich denke an das Einfädeln eines Fadens in die Nadel! Augen auf im Straßenverkehr! Missachtung kann tödlich sein! Das ist die eine Seite.

Dann gibt es noch den Spruch: „Man sieht nur mit dem Herzen gut, das Wesentliche ist für die Augen unsichtbar!“

Das Herz erkennt Dinge und Zusammenhänge, die die Augen nicht sehen.

Paulus bittet Gott für die Menschen in Ephesus – und für uns heute – um „erleuchtete Augen des Herzens“: Welche Auswirkungen dieses Anliegen hat, will ich an folgenden drei Punkten deutlich machen:

1. Christen leben in der Hoffnung!
2. Christen erfahren die Herrlichkeit Gottes!
3. Christen leben aus der Kraft Gottes!

1. Christen leben in der Hoffnung

Wenn wir von „Hoffnung“ sprechen, wünschen wir uns, dass das, was wir erhoffen, auch geschehen möge. In unserer Zeit hoffen junge Menschen, einen Ausbildungsplatz zu bekommen, ältere, dass ihr Arbeitsplatz erhalten bleiben möge. Gute Wünsche verbinden wir häufig mit der Hoffnung auf Gesundheit! Eltern und Großeltern hoffen, dass den Kindern und Enkeln nichts Böses geschieht.

Frauen sind guter Hoffnung, wenn sie ein Kind erwarten. Hoffnung ist etwas Positives, etwas, was den Menschen Kraft und Zuversicht gibt.

Hoffnung auf Gott, damit verbinden viele Menschen eine ganz bestimmte Erwartung, nämlich, dass Gott nahe ist, dass er führt, dass er hilft, dass er rettet, dass er tröstet.

Für Paulus verbindet sich mit der Hoffnung auf Gott die <u>feste Gewissheit,</u> dass er auch in schweren Zeiten Kraft und Zuversicht gibt.

Wie schlimm ist es für Jemanden, wenn er keine Hoffnung mehr hat. „Mir kann kein Arzt mehr helfen, ich habe keine Hoffnung mehr, dass sich meine Beschwerden bessern“!, hat mir jemand gesagt. Dann ist im

Leben alles nur noch grau in grau und die depressive Stimmung belastet sowohl den Betroffenen als auch die Menschen in seiner Umwelt.

Da fällt auch die Hoffnung auf Gott schwer

So wie Paulus aus der eigenen Hoffnung die Hoffnung für die Gemeinde in Ephesus ableitet und vor Gott bringt, dürfen auch wir für Menschen beten, die wir lieb haben und die uns nahe stehen. „Wenn ich an euch denke, höre ich nicht auf, für euch zu danken und zu beten!“ So hat es Paulus für die Christen in Ephesus formuliert und praktiziert. Er macht uns Mut, es ihm nachzutun. Für jemanden hoffen heißt also in erster Linie, für ihn zu danken und für ihn zu beten.

Menschen in unserer Umgebung, die wissen, dass wir Christen sind,

hoffen von uns, dass wir für sie beten.

Hoffnung, Glaube und Liebe hängen also ganz eng zusammen.

Ich denke, davon wurde auch in dem Segnungsgottesdienst etwas deutlich, der am vergangenen Sonntag hier gefeiert wurde.

Spüren wir, wie wichtig Hoffnung und Gebet für unser Leben ist, für das Leben von Menschen, die uns nahe stehen und für eine christliche Gemeinde überhaupt ?

2. Christen erfahren die göttliche Herrlichkeit

Mit der Herrlichkeit, von der Paulus hier spricht, können wir nur wenig anfangen. Sie ist für uns ein unverständlicher Begriff.

Paulus bittet Gott darum, den Christen in Ephesus Augen und Herzen für seine Herrlichkeit zu öffnen.

In der Bibel gibt es Beispiele, wo Menschen sozusagen hautnah die Herrlichkeit, Gottes erfahren haben.

Ein Engel verkündete den Hirten in Bethlehem mitten in der kalten Nacht auf der Weide die Geburt Jesu. Oder denken wir daran, wie Jesus auf dem Berg, vor den Augen seiner Freunde verklärt wurde. „Sein Angesicht leuchtete wie die Sonne und seine Kleider wurden weiß wie das Licht.“ So heißt es da.

Zu allen Zeiten haben Menschen versucht, der Herrlichkeit Gottes Ausdruck zu verleihen, sei es in der Musik, in der Kunst, oder in der Architektur vieler großartiger Kirchen..

Hier bei uns in Messel wird die Möglichkeit der „offenen Kirche“ genutzt, sich nicht nur das Bauwerk anzuschauen, sondern auch in Stille verweilen zu können. Das hat mir vor einigen Wochen ein Ehepaar bestätigt, das auf der Durchfahrt eine Pause eingelegt- und von dem Angebot dankbar Gebrauch gemacht hat.

Menschen suchen die Nähe Gottes und erleben in der Stille Frieden und Geborgenheit. Dabei ahnen sie mehr oder weniger etwas von seiner Größe und Herrlichkeit.

Und wenn es Paulus um die Erkenntnis der göttlichen Herrlichkeit geht, dann ist das nichts Ùnerreichbares, sondern etwas, was jede und jeder von uns erfahren kann.

Menschen aller Zeiten haben das erlebt und bezeugen es.

Im Vaterunser beten wir: „Dein ist die Herrlichkeit – in Ewigkeit“.

Wenn wir etwas Schönes erlebt haben, erzählen wir es gerne weiter und lassen andere an unserer Freude teilhaben.

Wenn wir Gottes Herrlichkeit erfahren haben, können wir das auch anderen Menschen mit unseren Worten weitererzählen.

In allen Generationen warten mehr Leute darauf, als wir denken.

3. Christen leben aus der Kraft Gottes

„Ihr sollt erfahren, wie unermesslich groß die Kraft ist, mit der Gott in uns, den Glaubenden, wirkt. Ist es doch dieselbe Kraft, mit der er Christus von den Toten auferweckte!“

So hat es Paulus an die Epheser geschrieben. An dieser Aussage und an diesem Anliegen hat sich bis heute nichts geändert.

Staunen Sie am geschlossenen Bahnübergang zwischen Messel und Kranichstein nicht auch über die vielen Güterwagen, die eine Lokomotive hinter sich herzieht?

Die Lok entnimmt den Strom aus der Oberleitung, um die Wagen ziehen zu können. Offensichtlich ist sie auch noch nicht an die Grenze ihrer Kapazität gekommen, denn die Geschwindigkeit eines solch langen Zuges ist immer noch beachtlich.

Christen leben aus der Kraft Gottes. Unsere Oberleitung, wenn Sie so wollen, ist die enge Verbindung zu Gott. Die Möglichkeiten, die durch diese Verbindung zustande kommen, sind unbegrenzt. Es liegt also an uns, in welchem Maß wir diese Kraft in Anspruch nehmen oder auch nicht.

Paulus schreibt: „Gott hat Jesus von den Toten auferweckt!“

In unserer Verbindung zu Jesus Christus, dem auferstandenen Herrn, steckt die Kraft, mit der er uns ausrüsten will.

Vor einiger Zeit sagte mir jemand voller Erstaunen: „Ich hätte nie für möglich gehalten, was Jesus Christus in meinem Leben bewirkt hat und immer neu bewirkt.“

Das lässt aufhorchen!

Würde Paulus heute einen Brief an die Gemeinde in Messel schreiben, dann wären seine Grundgedanken sicher ähnlich denen, die er an die Epheser geschrieben hat:

„Liebe Christen in Messel: Ich habe von euerm festen Glauben an Jesus Christus gehört und davon, wie ihr untereinander in Liebe verbunden seid.

Seitdem höre ich nicht auf, Gott dafür zu danken und für euch zu beten.

Ganz speziell bete ich dafür, dass ihr ihn und seinen Willen immer besser erkennt.

Er öffne euch die Augen eurer Herzen, damit ihr seine Herrlichkeit erkennt.

Dann wird euch bewusst, wozu ihr berufen seid, worauf ihr hoffen könnt und welch unvorstellbar reiches Erbe auf alle wartet, die an Jesus Christus glauben."

Mögen das in unserer Gemeinde und im Dorf Messel noch viele Menschen erfahren.

1. Petrus 1, 6 - 12

Als ich diese Verse zum ersten Mal gelesen habe, war ich etwas ratlos. Ich habe sie dann noch mal gelesen, in einer anderen Übersetzung. Ich kam mir vor, als wenn ich um ein fremdes Haus herum gehen würde, bei dem ich die Eingangstür nicht fand. Endlich habe ich sie gefunden, machte sie langsam auf und stieß zunächst einmal auf Fragen, die dieser Text beinhaltet.

Wie kann man Jemanden lieben, den man noch nie gesehen hat?

Wie kann man sich auf etwas freuen, was man nicht kennt?

Wie soll das von den Propheten für uns angekündigte Geschenk aussehen, wenn Christus wiederkommt?

Ich gebe zu, das ist für uns Menschen im Juni 2012 ziemlich schwierig zu verstehen.

Vielleicht versuchen wir zunächst einmal, die äußeren Umstände zu klären. Geschrieben hat diese Verse und den Brief Petrus, der Jünger Jesu, der manchmal den Mund ziemlich voll genommen hat und der offensichtlich ziemlich temperamentvoll war. Er war einer der ersten, der von Jesus in die Nachfolge gerufen wurde. Er hat also während der ganzen Zeit aus nächster Nähe miterlebt, wie Jesus gepredigt, gehandelt und Wunder getan hat.

Nun zu den Empfängern: Offensichtlich waren es Christen in Kleinasien, also der Türkei, die in ihrem Glauben angefochten waren. Sie wurden verfolgt, sie lebten in Anfechtungen aller Art. Da brauchten sie Zuspruch und Trost. Petrus machte ihnen Mut. Er tat es als einer, der Jesus mit eigenen Augen gesehen hat. Wenn er also von der großen Hoffnung spricht, von der wir Christen leben, dann tut er das als Zeitzeuge im wahrsten Sinn des Wortes. Er malt ihnen mit lebendigen und liebevollen Worten aus, dass die Nöte dieser Zeit vorüber gehen werden und dass eine alles übertreffende himmlische Herrlichkeit auf sie wartet.

Jetzt mag der eine oder andere sagen: Wir hätten wir es mit unserm Glauben an Jesus Christus viel leichter, wenn wir ihn, so wie Petrus, mit eigenen Augen hätten sehen und erleben können. Leider haben wir nicht das Vorrecht, Augenzeugen zu sein, so wie die ersten Jünger. Um so mehr brauchen wir Menschen, die uns von ihren persönlichen Glaubenserfahrungen berichten. Dazu möchte ich Ihnen etwas aus der Sendung Nachtcafe im Südwestrundfunk erzählen. Vielleicht hat es sogar der eine oder andere von Ihnen gesehen: Ein Mann wurde interviewt, der viele Jahre mit Leib und Seele Franziskanermönch war. Er lernte eine Frau kennen, die ihn wesentlich in seiner Arbeit unterstützt hatte. Nach vielen Bedenken und Fragen beider heiratete er sie. Der Moderator war ziemlich verblüfft. Wie kann ein vom Glauben überzeugter Mensch so etwas tun?

Aber der Mann berichtete in ansteckenderer Fröhlichkeit und Offenheit, dass beide Partner dies als Führung Gottes erkannt hatten, dass beide mit Freunden geprüft haben, ob das Gottes Wille für sie sei und als sie das erkannt hatten, im Vertrauen auf Gott den Schritt eines gemeinsamen Lebensweges gewagt haben.

Ich erzähle das, weil Gottes außergewöhnliches Handeln in einer Talkshow im Fernsehen so beeindruckend und ganz natürlich erzählt wurde und dass dadurch ein riesigen Publikum erreicht worden ist.

Glaubenserfahrungen, die andere gemacht haben, helfen uns, dass unser eigener Glaube gestärkt wird, besonders in notvollen Zeiten.

Petrus hat begeisternd vermittelt, wie liebevoll Jesus als Mensch war. Und da sind wir mit den damaligen Christen sozusagen auf einer Ebene, wenn es darum geht, Jesus zu lieben, den wir nicht sehen".

Da Jesus aber genau weiß, dass wir damit überfordert sind, kommt er uns entgegen, indem <u>er uns</u> liebt. Nicht wir müssen etwas leisten, sondern Jesus liebt uns, bedingungslos, mit unsern Fehlern und Schwächen. Zu jeder und jedem von uns sagt er: „du bist mein geliebter

Sohn, du bist meine geliebte Tochter!". Er hält immer zu uns, seine Liebe zu uns verändert sich nicht, egal, wie wir sind und wie wir uns verhalten.

Aus diesem Wissen und aus eigenen Glaubenserfahrungen kann ganz allmählich eine persönliche Beziehung zu Jesus Christus wachsen. Das ist wie bei der Liebe zu einem Menschen, die sich ganz allmählich entwickelt.

Petrus schreibt von der Freude auf den Tag, an dem Jesus wieder kommt.

Das heißt im Klartext, wir werden Jesus mit eigenen Augen sehen. Wir werden mit ihm ganz persönlich und direkt zusammen sein.

Spätestens in dem Augenblick wird alle menschliche Not und alles Leid zu Ende und vergessen sein.

Wir können uns das zwar nicht vorstellen, aber das wird so sein. Das sagt der Text ganz eindeutig. Auch wann das sein wird, wissen wir nicht.

Das ist wie ein wunderschönes verpacktes Geschenk, das vor uns liegt und dessen Inhalt für uns eine große Überraschung sein wird.

Wie sehr haben die Mitarbeiterinnen von Schlecker in diesen Tagen unser aller Mitgefühl. Für viele von ihnen ist das „Aus" der Firma mit der Gewissheit verbunden, dass sie keine Arbeit mehr bekommen werden. Was würde Petrus wohl an sie schreiben? Sicher ganz ähnlich, wie er es vor bald 2000 Jahren getan hat.

Er würde ihnen sagen, dass Jesus Christus Licht in ihre dunkle Situation bringt, dass er bei ihnen ist und ihnen Hoffnung schenkt.

Zu allen Zeiten hat es Menschen gegeben, die in großen Schwierigkeiten gesteckt haben, die aus dem Glauben neue Kraft bekommen haben. Die Gewissheit, dass nach allem Schweren etwas viel Besseres und

Schöneres auf uns wartet, lässt die momentane oft aussichtslose Situation in einem neuen Licht erscheinen.

Wir kennen das Sprichwort: „Not lehrt beten!“ Beten stellt meine Verbindung zu Jesus Christus her, wie bei einem Telefon-Anschluss. Ich kann ihn anrufen, ihm mit meinen Worten sagen, was mich beschäftigt. Er hört mich nicht nur, sondern er antwortet auch, oft in erstaunlicher Weise.

Geht es Ihnen auch so, dass wir bei einem Fußballspiel der EM meinen, jetzt wäre doch die perfekte Gelegenheit, ein Tor zu schießen. Nichts passiert. Und dann kommt ein Tor, wie vorgestern durch Philipp Lahm, auf ganz unerwartete Weise zu Stande, anders als ich das gedacht hatte, auch zu einem anderen Zeitpunkt. Genauso ist das bei Jesus. Er trifft zu seiner Zeit ins Tor meines Lebens. Und da kann ich jubeln.

Noch ein letzter Gedanke: Wenn ich einem mir nahestehenden Menschen sage, was mich beschäftigt, stelle ich anschließend oft fest, „jetzt geht es mir schon etwas besser.“

Männer und Frauen, wie Petrus, die die schwierige und oft aussichtslose Situation anderer kennen und ihnen Mut machen, gibt es bis heute in unserer Kirche und in unserer Gemeinde. Jesus rüstet sie mit seinem Heiligen Geist aus. Mit ihnen und mit uns allen baut er sein Reich. Er wird es tun, bis er wiederkommt.

Unser Glaube kann also die Kraft für unser Leben sein. Das ist mutmachend.

Und er hat ein Ziel: die ewige Herrlichkeit, die wir uns in ihrer Schönheit nicht vorstellen können.

Wir alle werden sie mit eigenen Augen sehen.

Offenbarung 3,20

Es hat an der Tür geklingelt!

Wir freuen uns auf den Gast, den wir erwartet haben. Jetzt ist er da!

Der Tisch ist schön gedeckt, Kuchen ist gebacken und Kaffee gekocht.

Wenn wir niemanden erwartet haben, schauen wir nach dem Klingeln eventuell vorsichtig durch die Gardine. Wer könnte das sein?

Gerade haben wir gehört, dass Jesus vor unserer Tür steht und angeklopft hat. Haben wir' s gehört?

Er freut sich, wenn wir aufmachen! Er sagt zu jedem von uns:
„Zu dir will ich kommen!“

Wie reagieren wir darauf?

Sagen wir: wie schön, dass du da bist, dass du zu mir kommst. Es ist zwar im Augenblick nicht so aufgeräumt wie es sein sollte und ich habe keinen Staub gewischt, ich kann dir nichts anbieten, aber komm rein.

Oder sagen wir: jetzt passt es mir überhaupt nicht – komm ein anderes mal wieder. Und wir machen die Tür wieder zu.

Da steht noch etwas in dem Predigt-Text: Jesus sagt, „ich werde bei ihm eintreten und das Mahl mit ihm halten – und er mit mir.

Im biblischen Sprachgebrauch bezeichnet die gemeinsame Mahlzeit die vertraulichste und festlichste Form des Zusammenseins.

Das kommt uns doch bekannt vor!

Wenn wir jemanden zum Essen einladen oder selbst eingeladen sind, dann sind das oft Höhepunkte in unserem Alltag. Wir genießen die guten Speisen, die angenehme Atmosphäre – und beim gemeinsamen Essen lässt es sich entspannt miteinander reden. Die Beziehung zueinander wird dadurch auch gefestigt.

Um das entspannte Reden mit Jesus, um eine entspannte Beziehung zu ihm geht es in der heutigen Predigt.

Kurz gesagt, es geht um das Gebet.

Das fängt damit an - wie wir gehört haben - dass Jesus an die Tür unseres Herzens anklopft.

Eine Tür aufzumachen, ist nicht schwer. Das kann schon ein kleines Kind. Die Tür unseres Herzens für Jesus aufzumachen, ist auch nicht schwer. Das ist eine Sache des Willens. Will ich ihm aufmachen, oder überhöre ich lieber das Klopfen? Ich bin so unsicher. Was passiert denn dann, wenn er zu mir kommt? Ich kann es so schlecht einschätzen. Was sagen die Leute, wenn sie merken, dass Jesus zu mir gekommen ist?

Keine Angst! Jesus drängt sich nicht auf! Er weiß um unsere Bedenken, Fragen und Zweifel. Er weiß, dass wir unsicher sind und eigentlich gar nicht wissen, über was und wie wir mit ihm reden sollen.

Wenn wir also beim heutigen Anklopfen nicht reagiert haben, dann wird er es sicher ein anderes Mal versuchen und wieder bei uns anklopfen.

Gehen wir davon aus, wir haben das Klopfen von Jesus gehört.
Wir sind das Wagnis eingegangen und haben die Tür aufgemacht.

Und jetzt?

Vielleicht fällt uns gar nichts ein, oder vielleicht machen wir ihm Vorwürfe: „warum hast du das und das zugelassen?“ vielleicht freuen wir uns auch, dass er zu uns gekommen ist. Das wird von Fall zu Fall verschieden sein.

Ich denke, Beten und Hilflosigkeit gehören irgendwie zusammen.

In der Bibel gibt es viele Beispiele von Menschen, die hilflos reagiert haben als Jesus zu ihnen kam und sie angesprochen hat.

Zum Beispiel sagte der Vater des epileptischen Jungen zu Jesus: „Meister, ich bitte dich, sieh doch nach meinem Sohn, denn er ist mein einziger Sohn!“ (LK 9,38)

Der Vater bittet für seinen kranken Sohn.

Oder ein anderes Beispiel: die Mutter achtet auf den Säugling, hört das Schreien und weiß, was das Kind braucht, wann das nächste Fläschchen dran ist oder die Windeln gewechselt werden müssen.

Gott ist wie Vater und Mutter. Er nimmt Anteil an unserm Leben. Er ist Tag und Nacht für uns da, er weiß, was wir brauchen und geht auf uns ein, auch wenn wir das oft gar nicht spüren.

Als unsere Tochter einmal am Rande ihrer Kräfte war, weil ihre beiden kleinen Kinder sie unentwegt forderten, reagierte sie gereizt und war zugleich traurig über ihr Verhalten.

Im Gegensatz dazu steht die göttliche Liebe. Jesus ist nie gereizt und in seiner Liebe zu uns gibt es keine Grenzen.

Vielen Menschen fällt es schwer, um Hilfe zu bitten und genau so schwer danke zu sagen. Aber oft kommt man gar nicht darum herum. Ich habe einmal im Pflegeheim eine alte Frau betreut, die gelähmt im Bett lag. Sie hatte einen wachen Geist konnte aber keinen Finger bewegen. Wie schlimm war es für sie, um jeden Handgriff bitten zu müssen. Da ist es ganz verständlich, wie wichtig es dieser Frau war, von Bezugspersonen betreut zu werden, zu denen sie ein besonderes Vertrauen hatte.

Sind wir in einer schwierigen Situation und wissen nicht weiter, können wir Jesus um Hilfe bitten. Indem wir das tun, wächst unser Vertrauen zu ihm.

Wenn wir mit Menschen reden, dann geht das in der Regel ganz ungezwungen. Man redet, „wie einem der Schnabel gewachsen ist“.

Das Gespräch miteinander, beim Einkaufen, im Wartezimmer, im Bus oder auf der Straße ist wichtig.

Genauso ist es mit dem Gebet. Wir können mit Jesus reden, wie es uns gerade einfällt. Das ist eine Angelegenheit zwischen ihm und mir. Und wenn wir sagen, „wir beten im stillen Kämmerlein“ dann haben wir schon befolgt, was er im Predigt-Text zu uns sagt, nämlich, indem wir die Tür für ihn aufgemacht und ihn eingelassen haben. Er versteht uns genau und weiß, was wir meinen, auch wenn es manchmal nur ein Gestammel ist.

Alles dürfen wir ihm sagen. Wir dürfen ihn bitten, ihm danken, wir dürfen klagen und vor ihm weinen.

Weil Beten eine so persönliche Angelegenheit ist, die nur Jesus und uns betrifft, wissen in der Regel auch nur wenige Menschen von unserem persönlichen Umgang mit ihm.

Meine alte Mutter lebt noch in unserem Elternhaus. Sie hat Angst davor, in ein Heim zu müssen und dankt im Gebet dafür, dass sie noch zu Hause sein kann. Wir Kinder machen uns oft Sorgen, wie das mit ihr weitergehen soll. Wir bitten Gott, dass er es gnädig mit ihr macht. Vor einiger Zeit sagte mir ein guter Bekannter: „Gott kann auch Wünsche erfüllen!“ Er meinte damit, dass Gott den Wunsch unserer Mutter kennt.

Ich bin sicher, er wird in seiner Güte auf ihr Gebet eingehen.

Das macht mich einerseits ruhig, andererseits aber oft auch ungeduldig, weil ich gerne wüsste, wie er handeln wird.

Wir als Eltern und Großeltern freuen uns, wenn unsere Kinder oder Enkel mit ihren Wünschen zu uns kommen. Sie wissen aber ganz genau, dass nicht jeder Wunsch erfüllt wird.

Weil das grundlegende Vertrauen zwischen uns da ist, werden Kinder oder Enkel doch wieder zu uns kommen, mit uns reden und uns erneut um etwas bitten. So soll es auch in unserem Umgang mit Jesus sein.

Wenn wir etwas bekommen haben, bedanken wir uns in der Regel.

Auch wenn Jesus uns einen Wunsch nicht erfüllt hat, gibt es genug Gründe, ihm zu danken.

Z.B. für die Gesundheit, oder wenn die Schmerzen nachgelassen haben. für unsere Familie, unsere Wohnung, für Essen und Kleidung, Freunde.

Wenn wir damit anfangen, werden wir staunen, wie viele Gründe es zum Danken gibt. Wir brauchen dafür nicht in die Kirche zu gehen, sondern können es tun, wenn es uns einfällt.

Beten besteht aber nicht nur aus Bitten und Danken.

Wir können ihm alles erzählen, besonders auch das, was wir sonst Niemandem anvertrauen.

Für Jesus ist nichts in unserm Leben unbedeutend. Alles interessiert ihn.

Er ist der gute Freund, der immer für uns da ist.

So ist das Beten eine ganz große Chance für jeden von uns.

Es gibt auch noch die Möglichkeit, für andere Menschen und ihre Anliegen zu beten, z.B. für unsere Kinder, Enkel, Freunde, für Kranke oder für Menschen in Not.

Luther hat einmal gesagt, „in der Fürbitte schicken wir einem anderen einen Engel zu."

Und - wir können andere Menschen darum bitten, für uns zu beten. Füreinander beten schafft eine tiefe Verbundenheit!

Auch am Schluss eines jeden Gottesdienstes praktizieren wir Fürbitte, indem wir z.B. namentlich an die Geburtstagskinder der vergangenen Woche und an die Hinterbliebenen von Verstorbenen denken.

Hier in Messel gibt es die Möglichkeit, Anliegen aufzuschreiben und sie in den Kasten einzuwerfen, der neben dem Eingang steht. So wird das persönliche Gebet ins Gebet der Gemeinde mit aufgenommen.

In Gebet und in der Fürbitte steckt spürbarer Segen – für mich und für den anderen.

Dass jeder von uns den Versuch wagt, sich auf das Angebot von Jesus einzulassen, das wünsche ich jedem einzelnen von uns.

Dazu macht uns Jesus Mut, indem er sagt:

Siehe ich stehe vor der Tür und klopfe an. Wenn jemand meine Stimme hört und die Tür öffnet, werde ich bei ihm eintreten und das Mahl mit ihm halten und er mit mir.

Printed by Books on Demand GmbH, Norderstedt / Germany